"A Filha do poeta"

Tudo começou no inverno de 1922 em uma grande cidade localizada na América do Sul. Intensificaram a abertura do País para imigrantes, e eles chegavam de navios vindos de todas as regiões do mundo, embarcações lotadas traziam pessoas em busca de novas oportunidades, com a promessa de exploração em uma nova terra, cheia de oportunidades. Plantavam, mascateavam mercadorias ou trabalhavam como artesãos, sapateiros e outros; E no meio desse alvoroço todo que o jovem Pedro, poeta filho de imigrantes italianos, descobriu mais que uma terra nova, descobriu Yolanda, uma linda jovem judia, ele era alto e magro, sempre usava uma boina na cabeça e um suspensório fixado na sua justa bermuda e ela, garota meiga, usava vestidos estilizados até o joelho e tinha cabelo liso cortado estilo Chanel, tinha o rosto arredondado e lindos olhos amendoados, e seus pensamentos jamais excediam as nuvens até encontrar o seu poeta...

Pedro fazia entrega dos lanches de sua mãe na cantina do colégio que a garota estudava, não era permitido meninos, porém ele já era um velho conhecido, sempre dando um jeito de passar pelo pátio e por minutos conversar com Yolanda e na maioria das vezes, entregar poemas que havia feito pensando nela;

"A missão do poeta, dizia, é embelezar o mundo, e por isso ele deve ser comparado à estrela cadente, que tem duração efêmera, mas quem a vê fica impregnado de sua beleza"

Yolanda, sempre acompanhava a mãe nas compras e Pedro passava o dia a segui-la e em todas as oportunidades que conseguia, lhe dava um presente poema, como no mercado de flores. Lá estavam Yolanda e sua mãe, escolhendo um buquê para enfeitar a mesa do jantar, até que Pedro surpreendeu-as com um lindo poema!

"Mas linda que a filha, ainda é a mãe, mãe da filha linda,

filha bela de uma mulher mais bela,

oh! Sempre serão belas as pétalas das flores mais belas, como são belas, as pétalas, das flores mais belas"

O poeta entrega uma pétala para garota, que o olha com tamanha graciosidade, em seguida entrega uma flor para sua mãe, que fala baixo, sem erguer os olhos:

- Muita gentileza!

O poeta beija a mão das duas, e diz:

- Se me permitem um palpite, aconselho que levem este buquê de begônias, estas particularmente são conhecidas como asas de anjos e possuem folhas no formato de coração, veja senhorita, (colocando uma folha na mão de Yolanda) uma flor que representa um anjo no seu coração! A garota encantada, dá-lhe um sorriso até ser puxada pela mãe que lhe diz:

- Vamos Yolanda. A mãe vai saindo na frente;

- Mas mamãe, e a flor?

- Não, não vamos levar.

- Puxa mamãe, não viemos aqui para comprar flores?

- Sim, para comprar flores e não para sermos perseguidas por um artista rebelde e intrometido;

- Mas... ele foi tão gentil, a senhora até me pareceu estar gostando.

- Entre no carro menina…

Se virando lentamente, Yolanda esboça um pequeno sorriso para o poeta, acenando com a mão.

- Yolanda. A mãe puxa a garota para dentro do elegante e original locomobile modelo 1925.

O poeta acenou, com um leve sorriso no canto dos lábios, apontando para cima.

- Vá minha flor, desvie das nuvens, olhe para as estrelas!

O carro partiu e a garota com a pétala de coração nas mãos, olhou para o céu procurando as estrelas tentando decifrar as palavras do poeta!

Ao Amanhecer da casa de Yolanda, as velas do *Shabat já se encontravam acesas, sua mãe preparava a família para irem a sinagoga antes de comerem o *Khalá e comemorarem o período de descanso. Sr. Rubens, pai de Yolanda, chegou como imigrante no País em 1890, começou como mascate de mercadorias, porém a comunidade judia no país foi se intensificando, trazendo muitos incentivos internacionais, fazendo com que o patriarca da família Castelàn, prosperasse e se tornasse um rico e influente industrial do ramo têxtil, porém, no Shabat, deixava tudo de lado para descansar e agradecer ao lado de sua esposa, filha e o filho Jonas... Ao voltarem da sinagoga, fizeram a oração do Shabat "Bem-aventurado sois vós, Senhor, nosso Deus, Rei do Universo, que nos destes o pão da terra." Em seguida comeram a primeira refeição do dia! Yolanda estava na janela, olhando a inércia das nuvens que não brilhavam, mas, de vez em quando, formavam algumas figuras e ela sorria ao ver tamanha sutilidade, de repente sem querer fala bem alto:

- Até que elas são engraçadinhas... todos da casa, que no momento estavam lendo, olharam para ela;

- Como? Disse-lhe o seu pai?

- As nuvens oras, respondeu.

Ele apenas a olhou com ar de estranhamento e enquanto Yolanda continuava entretida formando corações nas nuvens, o seu pai virando para sua esposa diz:

- A garota anda meio distraída, você não acha?

- Ela só possui 16 anos Rubens, está em plena adolescência.

- Sim querida, mas pelo que me lembro, nesta idade você já era mãe.

- Eram outros tempos (pausa) querido.

Os dois baixaram os olhares para o livro.

 Enquanto isso, do outro lado da cidade, Pedro, andava por uma viela de casinhas brancas com floreiras espalhadas por todos os lugares, janelas gigantes, torneadas na cor azul, nas quais ao abri-las, topava-se diretamente com a calçada. Nos restaurantes muita massa, molhos deliciosos, polpetones, praticamente todos típicos Italianos…

- Pietro. Grita Sr. Geovani da barraca de frutas, no final da rua sem saída.

- Bom dia Sr.Giovani, sou Pedro, Pe-dro esqueceu?

- Mas que ragazzo ingrato,negando la tua razza? Come isso, come? vieni qui, lo vado dare una sculacciata, gazza, gazza. Fala gritando e jogando maçãs para Pedro, que por sua vez, começa a jogá-las para cima como um brilhante malabaris e vai falando sua poesia…

"Nesta terra eu nasci, aqui cresci,

 aprendi me conhecer,

Minha pátria é a terra em que consigo viver do meu próprio trabalho;

viverei para ela, como um caqui (pegando o caqui),

a terra que me alimenta,

os lagos que me matam a sede,

Sou Pedro,

um adorador da língua Portuguesa,

Os pais de Pedro, vieram com a imigração Italiana no navio vapor de 1896, Sr. Mário virou lavrador de café e D. Maria, usava as receitas que aprendeu na Itália para fazer deliciosas massas caseiras e distribuir para os restaurantes Italianos.

E lá estava o poeta, entregando as massas da mama, aproximando-se de Carmencita, proprietária do "Ristorante Bolognes", pergunta com os olhos que chegavam a brilhar…

- Oh Carmencita! O que faço eu, tão jovem e tão apaixonado?

- Hum... e quem seria a dama que conquistou o coração desse menino tão poético?

Disse a Italiana, da peruca loira chanel, longos cílios e traseiros enormes, ficando ainda mais enormes, porque sua cintura era do tamanho da palma de uma mão, marcando muito sua silhueta estilo violão. Este dia particularmente mas parecia uma melindrosa, usando um boá branco e muitas correntes de pérolas. Carmencita, apostou na promessa de um país novo, ficou encantada com os boatos das minas de diamantes e ouro, um país repleto de riquezas e oportunidades, diferente da Itália pós-guerra que passava por uma crise muito forte de empregos, e por isso, ela e seu marido dispostos a progredirem, arrumaram sua bagagem repleta de características culturais de seu país e em 1910 entraram no navio da esperança e após 30 dias, chegavam a terra onde em sua imaginação possuía o piso de ouro e jardim de esmeraldas.

- Ela é tão meiga Carmencita, conto as horas, só para vê-la mover-se diante de mim e entregá-la meus poemas, veja isso (tirando do bolso uma pilha de papéis); - Este é o de ontem à noite e este o da manhã do sábado!!

- Meu Deus! Exclamou - Você está radiando paixão, garoto.

- Acontece que hoje ela não pode sair de casa, não vão às compras e queria entregá-la este papel;

- Mas…

- Calma. Falou Pedro. Trouxe comigo uma massa a mais que mama fez, você poderia ir lá e entregar como cortesia do restaurante, falar que gostaria que a família viesse conhecer suas delícias e sem que ninguém perceba, entregar a poesia para minha garota, por favor.

- Está certo, farei isso, o que não faço pelo amor? E também, talvez assim, ganharei mais fregueses, vou me arrumar;

- Não precisa, a senhora está bela, como sempre, vamos, caminhe, empurrando a mulher para a porta... está linda, linda.

Pedro, pega "emprestada" a carroça do Sr. Geovani e promete abastecê-lo com os doces de sua mama, partindo com Carmencita, pelas avenidas largas de terra, ela parecia uma boneca de pano, o balanço da carroça, fazia com que sua peruca se entortasse para o lado e no seu decote seios avantajados balançando para cima e para baixo;

Lá estava a propriedade da família Castelán, um belíssimo casarão colonial, cercado por um jardim vastíssimo de bromélias, orquídeas e palmeiras, e ... aquele jatobá era incrível, o maior do que qualquer outro da região, ele ficava ao lado esquerdo da casa, sozinho, reluzente, espetacular.

Pedro parou a carroça na sombra do jatobá e ajudou Carmencita descer.

- Aqui está querida, (entregando-lhe o papel e a deliciosa massa) ficarei por aqui, mas não se esqueça, entregue o poema apenas para Yolanda e se possível traga-a para fora para que eu possa matar minhas saudades.

Está certo garoto apaixonado, vai, me ajuda ajeitar meu cabelo;

- Você quis dizer sua peruca? (fala em tom de brincadeira)

Piscando os olhos ela diz: - E então como estou?

Uma boneca, como sempre.

Ela sorri e segue em direção a porta principal, subindo as escadas lentamente, seu quadril parecia acompanhar o balanço das palmeiras.

Assim que a porta se abriu, lá estava Sr. Rubens, com um olhar mortiço, pergunta-lhe:

- Pois não senhorita?

- Olá. Sou a Senhora Carmencita, proprietária do Restaurante Bolognes, fica ali na Vila Itália, como nunca vi sua família visitando a região, resolvi trazer uma massa deliciosa para vocês experimentarem. O Senhor possui uma bela casa. (Olhando sobre os ombros do homem)

- Muito obrigado, desculpe-me por deixá-la aqui fora, entre por favor, chamarei minha esposa, fique à vontade D.?

- Carmencita. (respondeu-lhe com um belo sorriso)

- Sim, D. Carmencita, só um instante.

Ela aproveitou para ver os detalhes da arquitetura modernista do casarão, os vidros pintados, paredes com revestimentos em madeira, estava deslumbrada, até que seu distraimento foi interrompido pela mãe de Yolanda;

- Bom dia Sra?

- Bom dia querida, você deve ser a mãe de Yolanda, não é?

- Sim, mas de que lugar conhece minha filha?

Percebendo que tinha feito algo errado, começou a falar sem parar

- Porque sou dona do restaurante que fica na Alameda Itália e lá fazemos deliciosas massas, nhocs legítimos, com a melhor batata da região, pegamos a batata direto da terra, fresquinhas, fresquinhas, Ha ... e as massa da nossas lasanhas são feitas por italianinhas, que amassam, amassam, batem a massa na mesa e voltam a amassar e quando elas estão bem fofinhas ....

- Sim, interrompendo-a. – É bem interessante, mas como a Sra. chegou até nós? É mãe de alguma amiguinha de Yolanda?

- Não, sim, quer dizer, isto não é importante, o importante é que trouxe uma massa para que provem e depois convido-os para irem até meu restaurante, pode ser? Agora está ficando

tarde, preciso ir. Sua casa é muito bela, só
mora a Sra e seu marido e claro sua filha?

- Não, tenho um filho também;

- E os dois estão em casa?

- Sim, Rubens está se entretendo com um livro
científico e Yolanda, acredito que ainda está
na janela vendo nuvens;

- Vendo nuvens? Interessante, muito
interessante, interessantíssimo, estes jovens
são assim mesmo, vivem com a cabeça nas
nuvens, mas pensando bem, gostaria de ver as
nuvens que ela está vendo, seria possível?

- A Sra. quer ver as nuvens que minha filha
está vendo?

- É apenas o modo de falar. Ela está bem?

- Vou chamá-la, Yolanda! Yolanda!

Assim que a mãe sai para chamar a filha,
Carmencita vai até a porta procurando Pedro e
não o encontra em lugar algum;

- Não encontrei minha filha;

- Deixe a menina, adolescentes, você sabe
como são, vou indo então;

- Está certo, provarei sua massa e depois
faremos uma visita, será um prazer;

- Claro, claro, (olha para todos os lados) então ... já vou embora.

- Muito obrigada. Te acompanharei até lá embaixo;

E as duas descem a escadaria, e quando chegam perto da carroça, lá estava Pedro beijando Yolanda.

- Não (gritou sua mãe)

Os dois se assustam, a menina fala baixinho para Pedro:

- Eu te amo ... sua mãe, puxa-a pelo braço

- Isso não se faz menina, já te falei que não quero você perto deste artista, vamos entrar agora.

Virando-se para os dois:

- Nunca mais voltem aqui;

- Me perdoe minha Sra, mas amo sua filha!

- Como têm coragem de falar que já ama?

- ... o amor não é um encontro. Você não pode dizer a ele onde, como e quando ele chegará.

- Procure uma artista livre para amar, não minha filha; Agora saia daqui.

- Pedro abaixou a cabeça e Carmencita lhe disse:

- Se acalme querido, vamos embora agora;

Partiram e Carmen dizia pelo caminho todo:

-*Porca miséria, *pezzo di
merda,*pirla,pirla,pirla...

E depois de horas trancada na biblioteca do
casarão com seu marido, o casal decide que
Yolanda iria estudar em um colégio interno no
interior do estado.

Na segunda feira, o pai de Yolanda viaja para
o local e deixa tudo certo para a chegada da
filha, que foi avisada na noite anterior;

- Você vai levar estes vestidos filha?

- Para que levaria mamãe? Não vou sair para
canto nenhum naquele lugar;

- Imagina querida, você vai poder ir a
sinagoga, lá construíram uma espaçosa, quase
maior do que a que temos por aqui;

- Não quero levar vestido nenhum, nem
mesmo quero ir e não sei porque me forçam.

- Serão apenas dois anos querida, até você
terminar o colégio;

- Para mim, dois anos será uma vida inteira
perdida;

- Do que está falando menina?

- Gosto de Pedro e não entendo porque não deixam que eu namore com ele.

- Você é muito nova para fazer as próprias escolhas, principalmente quando estão desfocadas e erradas;

- Você casou quando quis e com quem quis; porque não posso também, porque não posso amar? Porque não posso ser feliz?

- Por que ainda não chegou a hora de fazer as próprias escolhas, eu já disse Yolanda.

- E como sabe que não chegou, como pode saber quando é a minha hora? Se meu coração bate forte, se meus olhos brilham quando estou com ele, se pareço estar acima das nuvens tocando as estrelas, se quando ele me olha me sinto como uma pluma flutuando no ar, se quando me toca, me arrepio inteira...então mamãe, porque é que a Sra. que precisa me dizer quando é a minha hora?

- Termine de arrumar suas coisas, partiremos amanhã logo cedo.

A mãe levantou-se e saiu do quarto. Com o Barulho da chuva e trovões, Yolanda lia os poemas de Pedro, ela acreditava naquelas palavras, como se estivesse sendo embalada pela alma dos ventos, o choro e os soluços cessaram e a garota adormeceu desenhando corações...

Na manhã seguinte, Pedro chegou na vila logo cedo, entregou os quitutes para sr. Geovani, as massas nas trattorias e foi parar no portão do colégio esperando a chegada de sua amada, o que não aconteceu, deixando Pedro muito ansioso andando para cima e para baixo da cidade... ajudou Carmencita a servir o almoço para os fregueses, ajudou a levar os sacos de frutas para clientes do Sr. Geovani, olhava para dentro de todos os carros que passavam, e nada... Passaram 5 dias e nada de ver sua amada... Pedro estava triste, encostado em uma banca de flores, tentando respirar inspiração, mas não conseguia erguer seus olhos para o céu... Foi quando viu o carro da família passar lentamente por ele, sem pensar pegou uma carroça e foi atrás. O carro parou no colégio do irmão de Yolanda, o garoto tinha os cabelos loiros, penteados com gel, o carro partiu e Pedro correu em direção ao menino, virando-o pelo braço disse:

- Onde está sua irmã? Ela está doente?

- Minha irmã viajou, mas quem é você? Já te vi por aqui conversando com ela, o que quer com ela?

- Para onde ela viajou?

- O que quer com ela?

Pedro soletrando:.

- Pa-ra on-de a levaram?

- Está em um colégio interno, agora me solta. (puxando o braço)

- Em qual colégio?

- Porque eu te falaria?

- Por que a amo.

O garoto começou a rir:

- Você…

- Sim eu, qual é o problema?

- O problema, é que se não parar de me perseguir, vou chamar meu pai ou a polícia.

- Só quero saber onde ela está.

- Mas não vai saber, agora some.

- O garoto dá as costas para Pedro e entra no colégio.

Claro que ele saberia, só precisaria se concentrar no foco, saiu andando para cima e para baixo, pensando… pensando… como se andasse em círculos, esperava que o Universo conspirasse ao seu favor, pois tinha certeza que tinha encontrado o amor...

Já passavam das dez da noite quando chegou em sua casa, uma casa típica Italiana, com biscoitos por toda parte... e lá estava sua madre, acabando de preparar as massas e aquele cheiro no ar do manjericão cozido junto com tomates fresquinhos em um enorme caldeirão de ferro.

- Filho mio, (abraçando o filho) já é tão tarde, onde estavas?

- Mãe querida, a senhora acha que quando o amor está caindo em um poço escuro, mas ainda mantêm os olhos abertos é porque está nos colocando à prova?

- Sim querido se os olhos se mantêm abertos, o sentimento ainda está vivo.

Pedro mexe o caldeirão:

- Prove o sal, filho mio, e me conte sobre este sentimento que está quase se apagando querido.

- Preciso de uma luz mama, por amor poderemos fazer qualquer coisa não é mesmo?

- Sim, pois amor é pureza, é do bem, nunca do mal, mas é melhor não acreditar tanto que somos capazes de tudo.

- Mas somos? Pergunta o filho

- Sim meu querido, por amor, somos capazes de quase tudo...

- Te amo mamãe.

Com a ajuda de Pedro os dois colocam o molho nos vidros transparentes tampando com um pano a massa dos Spaghettis;

- Você não acredita, todos meus clientes estão dobrando os pedidos, querem "maccherone" mais finos, médios, grossos...

Pedro coloca uma cesta de pão na cabeça e um bigode com um fio da massa seca cosida na água, improvisando um personagem da Comédia "Dell-Arte"

- "Si buoni, ma carone" (boa, mas cara)

- "No, no, molto economico." (A mãe sorri)

- "Lo sono un innamorati" perdoem os meus pecados. Pedro ajoelha-se, fazendo o gesto de perdão, continuando a brincadeira.

- Meu menino...

- Me diz uma coisa filho o que você foi fazer no casarão da família Macalán?

- Como sabe disso mamãe?

- Aurora, nossa vizinha, é governanta do casarão e falou algo rapidamente, porque ela sempre está atrasada e dificilmente aparece por aqui, a casa dela está parecendo abandonada, acho que mora muito mais lá do que aqui... ela falou que você e aquela Carmencita que é um pouco maluca estavam lá, porém a única coisa que viu mesmo, foi quando vocês saíram a Sra. Macalán entrou bem irritada e a filha se trancou no quarto.

- Mamãe, a senhora é um gênio! (dá um beijo na mãe) Eu amo Yolanda e vou roubar ela pra mim.

- Como assim filho?

- Quer dizer então, que D. Aurora trabalha no casarão? Perfeito, já sei como vou descobrir para onde levaram o meu amor.

- Mas que amor?

- Yolanda, a sua futura nora, ela é a garota mais meiga e doce que já conheci...

- Porque roubará a garota? Já conversou com os pais dela?

- Eles não gostam de mim, a mãe dela me chamou de artista rebelde, acho que é porque não sou judeu, nem católico e nem em missa vou;

- Não estou entendendo nada direito, mas depois você me conta, estou muito cansada, promete que me conta tudo? Agora vá tomar um banho, passou o dia perambulando pela rua, eu também vou me recolher, seu pai já está dormindo, boa noite querido. (dá um beijo no rosto do filho)

Boa noite mamãe, te amo.

A vizinha

Logo pela manhã, D. Maria colocou na mesa,
vários tipos de pães, geleia de morango feita
em casa, manteiga fresca, leite de vaca tirado

na hora, o leiteiro entrega todas as manhãs para seus fregueses, sem contar com o delicioso café colhido da lavoura de seu Marido, a família começou a chegar na mesa, Sr. Mário foi o primeiro a se servir, deu um beijo em sua esposa e partiu para o trabalho, D. Maria falando bem alto:

- Pedro, onde você está? Preciso que leve os molhos na trattoria do Sr. Plínio, ele disse que precisa para antes das 8:00h, está escutando Pedro?

Quando ela se vira, vê Pedro atrás da cortina da sala, observando a rua;

- O que está fazendo aí menino?

- Não sou mais menino Mama, vou fazer 18 anos, semana que vem.

- É menino do mesmo jeito, e para a mamãe sempre será, venha logo tomar seu café. (Entregando um pão enorme cheio de mortadela, queijo, tomates), vai come, come!

- E D. Aurora mamãe, a que horas que ela sai para ir ao trabalho?

- Saí logo cedo, deve estar saindo já, o filho dela a leva de carroça;

Pedro dá um salto e vai para a frente da casa, comendo seu sanduíche gigante; e observa que a carroça ainda está lá, então só lhe restaria correr para falar com ela; Volta para dentro de casa, deixa o pão na mesa, toma de uma vez o copo todo de café e diz:

- Mãe, reza por mim;

- O que houve? E os molhos do Sr. Plínio?

- É um minuto mamãe, me deseje boa sorte ; (Pegou uma baguete gigante da cesta de pão, fez um embrulho e foi...)

- Boa sorte, sabe se lá por que...

Pedro bateu na porta da vizinha, aguardando ansioso, a porta se abre e lá está D. Aurora, uma senhora muito distinta, tinha traços de antecedentes alemãs, que com certeza chegaram em algum daqueles navios. Discreta e muito bem arrumada, usava um grande coqui no cabelo;

- Pois não? (Diz a mulher)

- Bom dia, sou seu vizinho, filho de D. Maria e Sr. Mário, tudo bem com a senhora?

- Sim garoto, tudo bem! Como posso ajudá-lo? Pois se veio até aqui há esta hora da manhã, deve estar precisando de algo bem precioso, não é mesmo?

- Mas precioso, do que todas as minas de diamantes do País...

- Oh! Exclama a mulher.

- Primeiro gostaria que a senhora aceitasse este delicioso baguette, minha mãe que fez;

- Muito obrigada! Sua mãe possui mãos de fada, me acompanhe garoto, estou terminando meu café aproveito para experimentar este delicioso pão e assim poderá me contar o que lhe trouxe aqui.

Pedro era um garoto muito carismático, quase impossível não cair na sua graça. Os dois sentam-se à mesa do café, era uma casa modesta, mas muito bem decorada e aconchegante, na parede principal um quadro de um Senhor vestido de soldado;

- E então disse a mulher;

- D. Aurora, preciso que me diga, para onde mandaram Yolanda;

A mulher quase se engasgou;

- Não posso falar nada sobre o que acontece na casa dos meus patrões;

- Por favor eu te imploro,

- Posso ser despedida;

- Como saberão que foi a senhora que me contou?

- O que irá fazer se souber onde está Yolanda?

- Só vou saber oras quer dizer, preciso mandar o meu livro que ela tanto queria;

- Seu livro?

- Sim sou poeta, escrevi meu primeiro livro;

- Muito interessante. Porque não entrega o livro para o casal Macalàn, eles levarão para ela até o colégio, eles costumam ir lá semana sim, semana não.

- E esta semana eles já foram?

- Não, foram a semana passada;

- Então têm que ser esta semana;

- O que têm que ser esta semana?

Pedro refletiu e disse:

- Sra Aurora, a senhora já se apaixonou?

- Como?

- Amor, a senhora já amou?

- Oras garoto, claro que amei, sou uma judia, nascida na Alemanha e a guerra estava matando o meu povo, foi quando o meu marido que trabalhava para o exército americano, nos livrou daquele pesadelo, colocando eu e minha família no navio em direção a esta terra, fui casada por 35 anos, até que ele partiu lutando pelo país no qual nasceu, ele não precisa ter ido para guerra,

estávamos aqui bem instalados, já tínhamos
nossos filhos, mas ele resolveu que pela
humanidade deveria lutar e saiu pela aquela
porta, vestido de soldado americano e nunca
mais voltou, meu marido era um Lord, me deu
5 filhos, cuidava de todos nós com muito zelo,
mas infelizmente a guerra o levou de mim.
(quase chora, mas se recompõe rapidamente,
levando a xícara de chá na boca)

- Esses homens que detêm o poder, tomam
decisões e quando vemos estamos fazendo
parte delas, sem ao menos sabermos o porquê,
compreendo D. Aurora, e agora sei que
conhece a essência do amor e essa ausência ...
desta forma que estou me sentindo, diante da
partida da Yolanda;

- Você a ama?

- Ela é tudo para mim, sabe aquele único
ponto dourado que está lá no meio das estrelas
prateadas, aquele que quando consegue
visualizá-lo, diante da vastidão do tempo e da
imensidão do universo, sente um calafrio no
corpo todo, mas não pode tocar e nem parar de
sentir aquilo na pele, e agora nem mesmo
olhar à distância, não quero virar um homem
triste, meus poemas não podem secar
amontoados no fundo de uma gaveta qualquer,
e o meu amor se despedaçar ao olhar um céu
tão indiferente...

A mulher dá um sorriso com ternura e diz:

- Renascença, este é o colégio garoto, fica no interior do Estado, indo em direção ao sul, e é isto tudo o que sei;

- Como posso retribuí-la amada senhora; (Se ajoelha e segura a mão da Senhora)

- Fazendo o amor renascer em alguém daquela casa, vi Yolanda crescer e apenas te peço, nunca magoe esta garota;

- Como alguém que ama, poderá magoar, não faz sentido;

- Sim garoto não faz sentido; Boa sorte, agora vá, estou ficando atrasada;

Pedro levanta-se, beija a mão da senhora e quando vai sair, Sra Aurora lhe diz:

- Não esqueça de me mandar um livro com suas poesias garoto poeta;

- Claro, será o primeiro que sair da impressão; Adeus madame;

Pedro corre para casa, beija sua mãe, coloca os molhos e massas ligeiramente na carroça saindo para abastecer os cliente; Ele canta…

"Eu a encontrei e

ela será a beleza de uma flor,

Pedro e Peu

Com os pensamentos fervescentes, Pedro não
parava de pensar o que iria fazer para ir até sua
amada, terminou as entregas e foi para a praça
central, chamada Liberdade, ali ficou

observando os trilhos que cortavam a praça, onde o bonde ia e vinha lotado de pessoas "diferentes", lembrou o que sua mãe contava, que ali antigamente, não muito antigamente, chamava-se "Campo da Forca" onde enforcavam escravos e criminosos, refletia até aonde o homem era capaz de chegar, como justificar crimes execráveis como estes? Ao redor da praça haviam muitos restaurantes japoneses, eles vieram para o país, no navio Kasato-Maru. As mulheres andavam por ali com roupas exóticas, pareciam personagens da ópera "Madame Butterfly"... Distraído olhando aquele belo cenário, Pedro olha para um garoto com a mesma faixa etária dele, sentado engraxando sapatos; Se aproxima e fica esperando para ser o próximo... foi então que o garoto começou a fazer melodia, assobiando e engraxando, assobiando e engraxando. O garoto tinha os olhos e a pele negra, usava uma bermuda justa com suspensórios, camisa branca e gravata borboleta, estava descalço... O Sr. da vez se levantou, olhou os sapatos e disse:

- Cinco paga?

- Se não têm dez, pague cinco mesmo, na próxima o Dr. passa aí e paga.

O Senhor dá o dinheiro para o garoto e sai andando com seus sapatos brilhantes;

- Porque deixou ele pagar apenas a metade, se aqui na placa está escrito dez réis?

- Um dia a gente ganha outro dia a gente perde e assim a vida vai continuando; (disse o garoto)

- Como é o seu nome? pergunta Pedro;

- Pedro, mas todos me chamam de Peu;

- Gostei, o meu também, assim não ficará dois Pedros conversando; Pode assobiar se quiser, vou tentar te acompanhar...

- Conhece algo de Louis Armstrong? Pergunta Peu..

- Jazz cara, Jazz puro!

- Peu arrisca a música "After You`ve gone", e já dando o show, atraiu garotos afrodescendentes que sabiam cantar e garotas faziam backing vocal, foi um momento incrível.

- Incrível cara, você é muito bom.

O País "no papel" vivia uma democracia racial, porém com a abundante chegada da imigração europeia a forte segregação racial dos Estados Unidos, já estava influenciando a população e costumes do país, ficando cada dia mais nítida a discriminação que os não brancos sofriam em busca de empregos, educação e outras oportunidades para progredir, em comparação aos imigrantes brancos, que ganhavam terras, subsídios do governo e eram contratados com salários dignos.

Assim que o show acabou, Peu olhou para seu então cliente e disse:

- Me perdoe, me distraí com a música e não terminei o seu sapato;

- Não têm problema. Disse Pedro.

- Por favor eu lhe imploro, não precisa pagar, mas me deixe fazê-lo brilhar;

- Claro que vou pagar (sentando na poltrona da praça) e se aceitar, quero pagar também pelo show que acabou de dar, deveria trabalhar com música, você é bom nisso;

- Você tem ideia quanto custa um instrumento musical? Não é para mim não;

- Mas se continuar engraxando sapatos e as vezes nem cobrando, nunca comprarás, tenho uma oferta para você;

- Tá cara, fala aí.

- Vou fazer uma viagem, preciso deixar alguém para ajudar nas entregas da minha mãe, termina aí, quero te levar lá para conhecê-la e te explicarei tudo, ela pode pagar um salário bom, e assim você pode investir na música, o que acha?

- Mas nunca fiz isso;

- Fácil, muito fácil, vamos que vou te explicando;

- Os dois saem a caminho da casa de Pedro, encontrando Carmencita passeando de carro:

- Garotos! (grita ela) vão para onde?

- Olá pode nos levar até a vila?

- Claro, entrem meninos;

Ela estava deslumbrante este dia, com boá lilás no pescoço, óculos escuros, muitas pérolas no pescoço, no pulso e seu lindo *cloche.

- Amigo novo Pedro?

- Sim, este é Peu, se ele aceitar, ficará no meu lugar fazendo as entregas da mama;

- Porque? Vai viajar?

- Estou pensando em ir...

- E sua princesa do castelo mau assombrado? (dando risadas)

- Mandaram-na para um colégio interno, mas vou buscá-la;

Como? Você vai roubá-la?

- humm ... mais ou menos isso;

-Interessante!! Bem interessante...

(Diz Carmencita, com um ar pensativo)

- Chegamos rapazes, vamos então entrar que vou explicar para seu amigo como funciona o meu restaurante;

Carmencita, mostra o cardápio, apresentando seu marido para Peu, se casou com um Português bem mais velho do que ela, ele montou o restaurante, deu-lhe um carro de presente, coisa rara para mulheres da época. Ele gostava de deixá-la livre para que fosse ela mesma, gostava muito dela e por isso não queria modificá-la em nada, passava o dia no caixa, era contador, adorava fazer contas.

- Bom garoto, é bem fácil me agradar, (disse Carmencita) apenas traga as massas mais deliciosas da D. Maria, gosto de ser sempre a primeira a recebê-las, em troca ganhará todos os dias uma deliciosa rosquinha de canela para começar bem sua manhã;

Peu estava feliz, porque estava sendo muito bem recebido pelos amigos de Pedro, nos quais a maioria eram imigrantes. Depois foram a barraca do Sr. Geovani, que comercializava além de frutas, as compotas de doces de D. Maria, doce de mamão, abóbora, laranja, todos eles cortados como flores dentro de um vidro, "doces em forma de flores" simplesmente belos.

Pronto Peu, estes são nossos primeiros fregueses do dia, depois precisará ir para o Colégio das meninas, entregar os lanches na cantina e pronto estará liberado, vamos na minha casa agora, vou te apresentar para Mama...

- Cara, estou gostando! Exclamou Peu.

Pedro deu-lhe um tapa na cabeça:

- Aí cara, assim que se fala, você ainda será o melhor jazzista do país...

- Mama! Mama! Gritou Pedro abrindo o portão de sua casa;

- O que foi filho? (D. Maria sai da cozinha com 1 massa enfarinhada caindo pelas mãos)

- Este é Peu.

- Sim..sim, muito prazer Peu, (Foi falando e voltando para seus afazeres) - Têm leite na geladeira, biscoitos, sirva seu amigo Pedro;

- Viemos conversar com você Mama;

- Certo filho, falem, não liga garoto (dirigindo-se para Peu) a mama aqui não pode parar de amassar para não encruar a massa, mais falem, falem...

- Mama, Peu vai trabalhar nas entregas no meu lugar.

- *Come così? (Dna Maria quando ficava ansiosa, puxava no sotaque Italiano)

- Preciso ir viajar por uns tempos e Peu, precisa de um trabalho, ele quer ser músico e têm muito talento, precisamos lhe dar esta oportunidade e assim estará me ajudando a ir atrás do meu sonho.

- Mas que sonho ragazzo, que sonho?

- Vou atrás de Yolanda;

- E eu te criei para isso, vai deixar sua mãe?

- Não Mama, venho te buscar, eu prometo;

- Filho mio, o garoto pode ficar, posso pagar 500 mil réis para começar, e precisamos conversar com seu padre sobre sua partida;

- Aceita Peu?(Pedro pergunta)

- Claro, posso começar amanhã, se desejarem;

- Combinado;

Pedro dá um beijo na Mama e leva seu amigo até a porta.

Obrigado amigo. (Diz Pedro abraçando o rapaz)

Obrigado também. Vou fazer o meu melhor
(Diz Peu)

A Fuga

Ao anoitecer, Sr. Mário chega da lavoura,
toma um banho se juntando a sua esposa e seu
filho na mesa de jantar. D. Maria gostava de
fazer sopas no inverno, então preparou uma
deliciosa sopa de legumes colocou a cesta de
pães e rezou agradecendo a vida dos três, D.

Maria era muito católica, se pudesse, frequentava a igreja todos os dias.

- Querido, Pedro quer conversar com você. (disse a mãe um pouco tristonha)

- Sim Pedro, quais são as novidades? Não me diga que decidiu qual curso fará na Universidade? Mesmo porque, semana que vem fará 18 anos, não pode mais ficar esperando o acaso;

- Papai, quero ir para o sul.

- Mas porque ir para o sul? Aqui estão instaladas as melhores Universidades do país;

- Ele quer se casar. (interrompe a mãe)

Silêncio

- Pai, me apaixonei por uma garota e não consigo mais viver sem ela, parece que vou morrer, e não quero ser um homem triste, mas o pai dela nunca irá permitir;

- E porque não? Um garoto como você, cheio de vida, com tanto futuro pela frente. (Diz o pai…)

- Não sei, eles me chamam de artista rebelde, só porque faço poemas, ou talvez porque não sou judeu, ou não sou rico, não tive oportunidades de saber, nem muito menos de me apresentar. Pai, eu vou de qualquer jeito, Yolanda, está no interior do estado, mandaram-na para um colégio interno, quero deslocar-me até lá, pegá-la e ir para o sul e lá me casar, abro a frente por lá e depois vocês dois vão, o café está em alta naquela região e o estado está dando muitos benefícios para atrair pessoas que queiram trabalhar e gerar progresso para aquela região;

- Isso é realidade, tenho amigos que foram para lá e estão muito bem mesmo, alguns na mineração, outros trabalham com vidros, pedras, até mesmo o café. (Disse o Pai)

- Sim, pedras, talvez eu trabalhe com pedras;

- Escreverei uma carta para alguns amigos que poderão te ajudar por lá, você leva o carro; (O pai acaba apoiando a decisão do filho)

- Não pai, não posso deixá-lo sem carro, alguém me leva até o colégio, pego Yolanda e me deixam na estação de trem que vai para o sul;

- Quando será isso?

- Amanhã, se possível;

Mama cai no choro e Pedro vai abraçá-la:

- Tá tudo bem mamãe, vai dar tudo certo;

Na manhã seguinte Peu chega cedinho para trabalhar e encontra Pedro com as malas prontas:

- Vai mesmo amigo?

- Sim vou atrás do que me faz brilhar, estou sufocado, preciso amar;

- Coragem, este é seu nome;

- Amigo, ajude minha velha, ela é um pedaço do meu coração;

- Fica tranquilo, tocarei um jazz para ela, quando estiver triste de saudades;

Os dois se abraçam e Pedro vai se despedir da mãe, que está colocando um monte de guloseimas para levarem na viagem; Entrega a Pedro e abraça forte o filho:

- Que Deus te acompanhe meu filho!

- Sim mamãe, Deus, as estrelas, o mato, os rios, todas as coisas que pertencem ao amor...te amo mamãe!

Se abraçam e Pedro entra no carro com o seu pai e partem ao destino do coração;

O Pai de Pedro tinha um Ford Modelo T ano 1920, estava novo e ele podia ir bem mais rápido do que uma carroça com cavalos; Viajaram a manhã e a tarde toda, até chegarem no destino, já era noite e foram para uma pousada local. Na manhã seguinte tomaram o café na pousada e partiram para o colégio;

- Como você vai tirar a garota do colégio, meu filho? Porque apenas não conversa com ela e espera que ela volte para a cidade?

- Pai, não posso esperar 2 anos, é muito tempo;

O pai parou o carro e perguntou qual era o plano.

- O Senhor vai fingir que quer conhecer o colégio para matricular sua "suposta" filha, enquanto isso, me encontro com Yolanda e combinamos tudo;

Os dois se encaminham para a diretoria e são recebidos pelas coordenadoras do colégio:

- O Senhor é de família Israelita? (Perguntou a Senhora)

- Não, não, sou Italiano

- É porque este colégio dá prioridade em atender famílias Judias, mas vou lhe mostrar as dependências e depois poderemos conversar sobre o seu caso; - Por gentileza Senhor (A mulher abre a porta para que ele passe)

- Começaremos pelo refeitório; Fazemos o cardápio de acordo com os mais altos padrões de qualidade e .....

Algumas garotas estão na fila para pegar o café com leite e outras já sentadas na mesa. Pedro olha por todos os lados, até que duas garotas quietas estão lanchando no canto da sala e aquela garota de costas, aqueles cabelos lisos, ele sabia, ele sabia que era ela;

- Agora vamos para os aposentos; (Diz a coordenadora)

- Não.

Pedro fala em um tom alto e todas as garotas olham para ele, inclusive a coordenadora;

- Como assim não?

- Precisamos entrevistar as meninas, para saber como sentem morando aqui;

- Mas isto não tem sentido, nunca fizemos isso;

- Concordo com ele (diz Yolanda, se levantando da mesa), posso ser a primeira a ser entrevistada, faça sua pergunta rapaz;

- Pedro sorri…

- Você acha que viver aqui e amar é a mesma coisa?

A coordenadora fica de olhos arregalados

- Claro que não, viver aqui é se esconder do amor…

- Você acha que voar é caminhar ao lado de quem se ama?

- Sim...sim, como uma gaivota livre e feliz;

- Quer caminhar ao meu lado meu amor?

- Até que a morte nos separe...

As garotas batem palmas

- Mas o que está acontecendo aqui? (Diz a coordenadora, gaguejando de tão nervosa)

- Nada minha Senhora, os garotos só estão declarando o seu amor um pelo outro; (Diz o pai de Pedro, saindo do refeitório e indo em direção ao carro)

Isso não é permitido aqui neste estabelecimento, vou chamar os seguranças;

-Vamos Yolanda? (Pedro pergunta)

- Sim, para onde Pedro?

- Para nossa vida; "O amor está nos esperando sob um céu lotado de emoções, sinto sua falta em todos os meus passos"...

- Eu vou com você, claro que vou, penso nisso todos os minutos, fiquei esperando o momento que chegarias para me levar;

- Vocês deveriam correr, porque a Diretora está vindo com 2 caras gigantes (aluna)

Um lança o olhar para o outro e saem correndo de mãos dadas até conseguir chegar até a rua, entram no carro e o pai de Pedro parte para a estação;

- Quem iria imaginar que eu um Sr. de 40 anos, iria compactuar com um adolescente desvairado.

- Desvairado não Papai, apaixonado;

 Os dois ficam estáticos no banco de trás, com a respiração ofegante, dando para ouvir a sinfonia dos dois corações pulsando acelerados;

- Meu filho chegamos na estação e o trem sairá daqui a pouco, te ajudei neste plano porque amo tanto sua madre, e por isso sei o quanto é importante estarmos com a pessoa que escolhemos para ser feliz. Cuide bem dessa garota, dê sua vida por ela e ela te dará a dela também, um cuidará do outro e serão muito felizes!

- Obrigada meu pai, assim que chegarmos e estivermos instalados te avisarei imediatamente; Adeus papai…

Os dois abraçam o pai e vão em direção a entrada da estação;

Vida Nova

Ouviram o barulho de um sino e lá adiante
vinha surgindo um Trem Vermelho gigante,
escrito na parte da frente: Maria Fumaça, sim
este era o nome do trem que tocava o sino
assim que chegava na estação, o casal ainda
anestesiado com tantas emoções, entregaram
os bilhetes, se acomodaram no banco e ainda
em silêncio, o trem partiu. Yolanda deitou sua

cabeça no ombro de Pedro e adormeceu. Pedro não conseguiu pregar os olhos, olhava pela janela a paisagem da estrada, que passava no meio de uma floresta, repleta de árvores gigantescas, flores selvagens colorindo o mato verde...e lá distante entre as montanhas, cachoeiras e mais cachoeiras O dia amanheceu e Yolanda acordou ainda sonolenta falando:

- Pedro, não peguei minhas roupas;

- Acalme-se querida, trouxe algumas peças de roupas que Carmencita mandou para você;

- Obrigada amor, você pensou em tudo, mas para onde estamos indo?

- Para o sul querida, quando chegarmos lá quero me casar imediatamente, assim nunca mais poderão arrancar você de mim. Olha aqui na janela amor, o tamanho das árvores, olha aquela névoa;

- É como a neblina de Londres (diz a garota)

- Talvez, estamos indo em direção a uma pequena Londres, escondida no meio da floresta…

- Será?... Como esta estrada é linda, nunca tinha visto algo parecido. Estou sentindo cheiro de terra molhada...

Foi então que a Maria Fumaça apitou, avisando a parada, os dois desceram na estação da pequena cidade, muitas pessoas estavam por lá, esperando seus familiares ou também, estavam ali para ver a locomotiva e darem tchau para quem fosse partir. Achavam divertido dar tchau para os passageiros que seguiam viajem. Pedro perguntou para um cidadão onde ficava a igreja mais próxima e o mesmo indicou a direção e lá se foi o casal apaixonado; O Padre no início relutou, mas Pedro mentiu que Yolanda estava grávida e ele queria assumir logo o filho, o padre meio desconfiado mas depois de muito persuadido acabou aceitando fazer a celebração do casamento dos dois, chamou as Freiras do colégio onde situava a capela para testemunharem o enlace. Yolanda colocou um vestido de Carmencita, ficou muito bonita e entrou na capela, com um lindo buquê de flores roubadas do jardim do colégio. E assim, com um breve sermão, os dois se tornam marido e mulher. Em seguida, Pedro acomodou sua amada em uma pousada e saiu para encontrar o amigo de seu Pai, indo ao endereço dado pelo seu pai;

- Bom dia, alguém em casa? Batendo palmas em frente uma casinha de madeira, instalada na frente de um pequeno cemitério;

- Pois não, saiu um homem de bigode, vestido com um belo terno cinza;

- Sou Pedro, filho de Mário o Italiano, ele mandou esta carta para o senhor!

- Sim Mário, meu grande amigo, viemos no mesmo navio da Itália, no vapor, lá nos porões apertados, tenho saudades do meu amigo, entre rapaz, enquanto leio a carta;

Pedro entrou na casa que parecia modesta, mas era um verdadeiro arsenal de arte, quadros raríssimos, tapetes importados;

- Belíssimos seus quadros. (Disse Pedro)

- Sou mercador, viajo muito rapaz e trago estas coisas de vários lugares, aqui na carta, seu pai me pede para te ajudar a arrumar algum local para trabalhar, o que você quer fazer?

- Olhando para o cemitério aqui de frente, pensei em algo como pedras, mármores, gosto de fazer esculturas em pedras e posso fazer poemas também…

- Poemas para os mortos rapaz?

- Sim… (Pedro sorri)

- Está sozinho na cidade?

- Estou com minha esposa, ela ficou em uma pousada, perto da estação;

- Traga ela para cá, vou instalar vocês aqui na casa ao lado que está vazia, amanhã sairemos para ver o seu trabalho, a casa possui chuveiro elétrico, fogão a lenha, tudo funcionando, vai buscar sua senhora, aqui está a chave, é a casa rosa;

- Obrigado Sr. Rocha, até amanhã então.

- Até rapaz. (Acompanhando o rapaz até o portão)

Pedro traz Yolanda para casa rosa, era uma casinha de madeira comprida, tinha vários quartos, uma sala imensa, no quarto uma penteadeira com espelhos estilo Luis XV, e uma cama com madeira talhada a mão; Yolanda guardou os vestidos que ganhou de Carmencita e as camisas do poeta no enorme armário de madeira maciça e foi na cozinha tentar acender o fogo;

- Pedro, vou precisar que você me ajude, nunca acendi um fogão a lenha e também não sei cozinhar direito;

- Calma querida (disse Pedro), vou te ajudar em tudo, como sempre fiz com minha mãe e logo, logo quando menos esperar, estará fazendo tudo perfeito... Acendeu o fogo para sua bela;

Depois de tomarem uma sopa, Pedro pegou sua amada no colo e foram para o quarto, lá penteou os cabelos compridos de Yolanda, deitou-a na cama e apaixonadamente fez amor com sua esposa...um amor doce, poético, sem malícia, como duas almas se amando, não somente corpos...

Quando Yolanda acordou, lá estava Pedro com uma bandeja de café, frutas, flores e poemas...

"levo comigo

os teus olhos

deixando para ti

o segredo dos meus"

- Querida, vou com Sr. Rocha atrás de um emprego, mas volto logo.

- Sim amor, boa sorte. (sorrindo)

Os dois se beijam e Pedro sai.

Yolanda, termina seu café, se arruma e vai até a casa do Sr. Rocha, bate palmas esperando alguém aparecer:

- Bom dia, quem é (aparecendo uma mulher bem gorda mesmo, com traços marcantes de índia e um forte sotaque mineiro;)

- Bom dia, meu nome é Yolanda, sou esposa de Pedro, o rapaz que saiu com seu marido;

- Sim...sim, entre garota, entre!

- Queria ajudar a senhora nos serviços e assim poderei aprender a cozinhar e fazer os serviços de casa;

- hum...muito bem, estou fazendo umas linguiças, me ajuda aqui com as tripas, que estou moendo as carnes do porco...

Yolanda se enrolou toda no meio daquelas linguiças, mas aprendeu a fazer perfeitamente. Eram muitas novidades para aprender ao mesmo tempo. Passou o dia na casa de D. Mary, ajudando a fazer inúmeras coisas, até Pedro chegar com novidades e levá-la embora; Ele conseguiu um emprego em uma marmoraria da cidade e começaria no outro dia;

Os dias foram passando, Pedro trabalhando direto com os mármores, Yolanda ficando cada vez melhor na cozinha, até que um dia logo pela manhã, ela vomitou na cozinha e ficou o dia inteiro sentindo náuseas, foi assim que foi avisado sobre a sua primeira gravidez;

Os anos foram se passando, e a cada dois anos Yolanda ganhava um bebê, sempre sexo masculino.

Passaram-se 20 anos e Pedro estava envolvido com a política, sempre nos partidos de esquerda, comprou uma marmoraria própria a casa rosa, mais alguns pontos comerciais, foi prosperando junto com a cidade e ainda sobrava tempo para escrever poesias... O casal estava com 9 filhos, todos meninos. A mãe de Pedro D. Maria, já morava com o casal há 10 anos, Pedro trouxe-a para o sul, quando seu pai faleceu, teve um súbito no coração e se foi. Ela ensinou Yolanda a fazer as massas, os doces, biscoitos e também ajudava a cuidar das crianças, a casa vivia lotada, eram os filhos, amigos dos filhos, vizinhos, políticos, galinhas, papagaio, e muita comida, era uma festa…junto com ela também veio uma carta para Pedro, que dizia:

"Meu caro amigo poeta, você nem acreditaria se alguém que não fosse eu, lhe contasse, estou indo para Nova Orleans" sim, é isto mesmo, a capital do Jazz, lá tocarei com grandes nomes da música raiz e você perguntará: - Como assim aquele moleque que engraxava sapatos na praça segue para estudar nos Estados Unidos feito gente rica. E eu lhe respondo: - Pois é colega, apenas estava no lugar certo, assobiando a música certa para o cara certo! Certo? Depois do nosso encontro, tudo mudou na perspectiva de vida que eu tinha, Carmencita, aquela dama do coração de anjo, resolveu investir na minha música, ela e o marido, compraram um saxofone para o restaurante e me contrataram como músico, a casa lotou, minha música se espalhou por todos os lugares! Acredite, só

dava eu, casas Italianas, Portuguesas,
Alemãs, até árabes, todas elas tocando o som
do garotão aqui! Fico pensando na música
como sendo Deus, sim ele se manifesta através
dela, o som do vento, o som das águas, o som
do universo e todos esses sons formam a
infinita poesia do Universo, a música é
maestra da vida. Somos o som do universo
poeta, somos o universo"

Agradecimentos infinitos;

Saudações

Pedro Nascimento - Seu amigo Peu.

O bebê

Enquanto os mais velhos ajudavam o pai na
marmoraria, Samuel e Gustavo, os caçulas,
ficavam com a mãe na floricultura que a meiga
Yolanda ganhou de presente de seu amado
poeta. Ela gostava de fazer coroas de flores e
sempre dava muita atenção aos corações que

perdiam seus entes queridos, cada coroa era acompanhada com uma pequena frase poética feita pelo seu poeta, os garotos, lavavam as flores, limpavam as velas e uma vez ou outra atendiam os mais velhos, atendiam a clientela que estava ficando cada vez maior, pois faziam também buquês para casamentos e festas de quinze anos…

Naquele dia a família se reuniu na mesa comprida de jantar, com bancos contínuos e longos, fizeram a oração de agradecimento e logo em seguida Pedro Junior o primogênito da família diz para Yolanda:

- Mamãe você está ficando com o rosto gordo, aposto que está grávida novamente!

- Até que enfim Samuel não será mais o bebezinho da família; (disse Plínio)

O Poeta olhou para sua amada e disse:

- Minha rainha, que sejamos contemplados com uma doce menina, que tenha seus olhos, seu cabelo, sua pele... uma princesinha;

Yolanda interrompe:

- Se for verdade que estou grávida pode ser outro menino que amaremos da mesma forma.

Mas Pedro não consegue esconder seu desejo de ser pai de uma menina e fala:

- Será uma garotinha Yolanda e se chamará Nina;

Os meninos juntos:

- Porque Nina papai?

Junior fala:

- Será um amor do passado?

- Talvez seja o nome de uma sereia dos sonhos do papai. (Diz Nelsinho)

- Ou uma indiazinha com os peitinhos de fora; (fala Plínio)

- E se for daquelas garotinhas de olhos negros?

(Nicollas aterrorizando)

- Tipo Catherine Howard? (Pergunta Lucas)

- Pior que olho preto é ela não ter olho. (afirma Arthur)

- Pior que não ter olho é ter o olho atrás da cabeça

(Leonardo fala rindo)

- Pior ainda é se for igual a Curupira (Lucas sai da mesa, tentando andar com os pés para trás)

- Chega meninos, nem temos certeza que vai chegar um bebê novo, vamos todos para a cama que amanhã de manhã têm escola;

Ela coloca as crianças na cama e senta na sala ao lado do poeta:

- Mas porque Nina?

O Poeta sorrindo diz:

- Nina vem de Marina meu amor;

- O nome de mamãe... (diz Yolanda)

- Sim querida, mas também significa meninas dadas ao sonho e a fantasia ... Você deve sentir falta de sua mãe, mas nunca quis ir vê-la;

- Ela também nunca quis vir me ver, mandei cartas, até foto das crianças, mas eles nunca me responderam;

- Eu sei querida, mas vamos compensar esta ausência, dando o nome dela para nossa filha...

- Não sei ainda se será menina, nem sei se grávida estou.

- Claro que está, vem aqui amor, quero te levar no colo até o quarto... (Pegou sua amada com todo carinho possível e ela ria de uma maneira meiga)

A barriga de Yolanda foi crescendo, Pedro cada vez com mais compromissos, mas não deixava nunca de ir almoçar com sua família e coordenar os trabalhos na marmoraria, mas o que ele gostava mesmo, era de estar no meio do povo, ia para a Av. Central, onde se concentravam os grandes industriais, fazendeiros e intelectuais da cidade, lá debatiam o crescimento da cidade, a chegada dos imigrantes entre outras coisas e com aquele cheiro de café no ar e o movimento de pessoas tão diferentes umas das outras, Pedro se inspirava para escrever seus poemas… Em um destes dias, no passeio pela cidade, Pedro estava lá participando da Inauguração da Primeira Biblioteca Pública da cidade, foi quando seu filho Junior, chegou correndo avisando que a mãe tinha ido para o hospital ter o bebê, Pedro largou tudo e seguiu com o filho…

Nasceu Nina, a boneca do papai... branquinha, com olhos amendoados cor de mel, os cabelos lisinhos e pretos.

Foram 5 dias de festas, muitos doces, biscoitos, massas, pães de todos os tipos. Os garotos não paravam de entrar no quarto da mãe para ver Nina, a primeira menininha da casa, todos eles queriam cuidar e segurar Nina no colo, Yolanda colocava todos sentadinhos no sofá e cada um segurava a garotinha um pouquinho, até Pedro chegar, sim porque quando o pai chegava só ele ficava com Nina e quando foi completar 1 ano, já tinha 365 poemas Pedro escrevia 1 poema por dia dedicado a filha.

A Partida

O primogênito de Pedro que completava 25 anos, anunciou no jantar de família que iria se casar com Mônica, uma graciosa japonesinha, que veio para o País ainda bebê, seus pais, migraram das fazendas do sudeste, para as suas próprias terras, facilitadas pelo governo do Estado no sul do país, um povo que contribui muito com o desenvolvimento da região, usando técnicas diferenciadas no cultivo do café do algodão e principalmente na produção agrícola; Enfim, a família guardaria ansiosa os mesticinhos vindos desta união; Em comemoração ao enlace do filho, Yolanda "a fada do lar" preparou um imenso almoço, broa de milho, lombo de porco, massas, pães, geléias, para receber a família de sua futura nora, com a ajuda de D. Maria e a Mineirinha D. Mary trouxe doce de leite feito em casa, queijos da fazenda, as mulheres trabalharão 3 dias para que nada faltasse!!

Yolanda, arrumou seus filhos menores, passou e engomou a roupa de todos eles e foi terminar de arrumar Nina, que já estava com 5 aninhos, sentou a garota na penteadeira e começou a escovar seus cabelinhos, quando a mãe cai desfalecida no chão, Nina diz:

 - Mamãe, para de brincar, levanta mamãe, chacoalhando a cabeça da mãe!

- Eu já coloquei o laço na cabeça mamãe, vejo como tou bonita...olha para mim mamãe! mamãe… chora...

Dna Maria entra no quarto quando escuta Nina chorar...Lá estava Yolanda caída e Nina disse para a vó com os olhos cheio de lágrimas paradas, não corriam, ficaram lá dentro, ofuscando o dourado da íris de Nina: Ela não conseguia piscar, seus olhinhos não fechavam...as lágrimas secariam lá dentro, mas não morreriam quando escorressem pelo rosto...

- Mamãe foi para o céu...disse a garota!

E a grandiosa celebração se transformou em um funeral. Pedro chorou a noite inteira, velando o corpo de sua amada; Os meninos criados pelo pai para serem homens fortes, mesmo sensíveis, deveriam cuidar das coisas, ter iniciativa, serem cavalheiros e resolverem todas as coisas possíveis a eles e as impossíveis também, até aprenderem; Por isso, entre um choro escondido e outro, montaram lindas coroas de flores, enfeitaram a capela inteira com as mais belas flores que encontraram, muitas fitas de cetim, véu branco, como se fosse a partida de um anjo... Foi o enterro mais belo já feito naquele cemitério; Junior, aprendeu com o pai a esculpir no mármore e fez um castelo para sua rainha, um túmulo em formato de castelo; e abaixo da sua foto, o poeta escreveu;

"Aquela que amamos, nunca se vai...

estará morando pela eternidade na memória de nossos sentimentos;

Nossa rainha, meu amor, seu sorriso estará conosco em todos os momentos..."

Pedro quis que o enterro tivesse músicos tocando Jazz, contratando músicos locais, foi assim que Yolanda partiu, depois descobriram que ela teve uma alta de pressão e seu coração não aguentou.

O cemitério

Com a falta da mãe e o pai trabalhando muito, Nina ficava praticamente o dia todo no cemitério com seus irmãos, que lapidavam e esculpiam as pedras para colocar nos túmulos. D. Maria, já estava mais velha e não conseguia mais fazer todas as tarefas da casa sozinha, então arrumou uma mocinha chamada Helena, para ajudá-la nas tarefas domésticas. A mãe de Helena, não pode criá-la e resolveu simplesmente dar a garota, mas depois de passar cada ano com uma família diferente, pois diziam que ela tinha problemas psiquiátricos, quando na verdade era apenas uma mocinha rejeitada, querendo chamar à atenção das pessoas. D. Maria, a trouxe para ficar no aconchego daquela família tão amorosa... Helena era morena, filha de uma negra e o dono de uma fazenda qualquer; Helena, já mocinha, arrumava alguns namorados, mas assim que foi morar com a família do poeta, passou a ser extremamente vigiada pelos seus irmãos postiços, os meninos conseguiam acabar com qualquer namoro da garota que acabava se sentindo protegida por eles;

Léo (o filho do meio) estava há 1 mês terminando um mausoléu, que havia sido encomendado por uma família importante da cidade, todo revestido no mármore, até capela tinha lá dentro, com estátuas de anjos e santos;

- Posso ficar lá com você hoje, vou levar minhas bonecas e ficar bem quietinha. (disse Nina)

- Certo Nina;

Era só atravessar a rua que já estavam no portão principal do cemitério, Léo com suas ferramentas e Nina com um pequeno Baú de bonecas;

- Léo olha isso (fala Nina, mostrando o túmulo ao lado)

- O que Nina? Se ficar me chamando não vou terminar o serviço;

- Olha a foto dela, ela está triste porque o mato está comendo a casinha dela e o vaso de flor, não têm nenhum galinho de flor, está vazio…

- Nina, deixa eu trabalhar… (o irmão continua esculpindo o anjo)

A garota sentou na lápide e tirou uma boneca do baú falando para a mulher da foto;

- Oi, meu nome é Nina e essa aqui (mostrando a boneca) é a Lilian minha amiga, nós duas vamos tirar este mato para você, aqui neste matagal pode ter muitos bichos e mosquitos, Liliam me ajuda a arrancar o mato;(falando para boneca e arrancando todo o mato que estava em volta do túmulo)

- Nossa, como ficou limpinho agora você está protegida D. Lua, posso te chamar de D. Lua? Então está certo, vou colocar uma flor neste vaso vazio, não sei quem roubou as flores da sua casinha... acho que é porque mamãe não está mais morando lá fora, e papai deixou a floricultura fechada, por isso que ninguém mais encontra flores bonitas, mas eu vou achar uma para você...

A garota sai procurando uma flor até que encontra uma sepultura lotada de flores belas; era uma edificação jardim, e na lápide estava escrito..."Aqui jaz Amanda a garota mais graciosa do planeta"

- Nossa Amanda, que formosura o seu jardim, será que você poderia me emprestar uma destas flores, só uma eu prometo, esta é minha amiga Liliam (mostrando a boneca), nós duas estamos arrumando a casa da D. Lua e precisamos de uma flor, ela está lá sozinha, o mato queria pegar ela, mas já jogamos ele fora, então posso pegar uma flor? ...

O vento fez balançar uma rosa vermelha e Nina disse:

- Sim esta rosa é linda, obrigada Amanda, amanhã trarei um presente para você, prometo.

Arrancou a rosa com o maior cuidado e levou para D. Lua. Pegou água na torneira que ficava lá perto do muro e colocou no vaso que estava pregado com cimento e depois colocou a linda rosa.

- Léo, você acha que papai já chegou?

- Ele vem para cá Nina, assim que chegar;

- Então vou ficar aqui, com D. Lua até ele chegar, vou comer esses biscoitos da vovó,

(A garota fica ali sentadinha comendo biscoitos e fingindo que sua amiga Lilian a boneca também está comendo)

Pedro chegou para buscar sua princesinha e acompanhar o trabalho do filho a quem tinha muito orgulho; Entrou pelo portão principal, um portão titânico forjado em ferro, o ferro estava muito presente na história colonial da região, tanto quanto o ouro.

- Papai... corre Nina para abraçar o pai, saindo de trás da casa de D. Lua.

- Oi princesa. (pegando sua filha no colo e abraçando bem forte)

- Papai, preciso que faça uma poesia urgente para D. Lua …

- Quem é D. Lua querida?

- Ela está aqui. (levando o pai pelo braço até o túmulo da senhora;) Não têm nada aqui, só a flor que coloquei e a foto dela triste;

- Mas não sabemos nada sobre ela;

- Papai, você não sabe nada sobre o ar e com ele vive a respirar... (os dois sorriem) vou te falar algumas coisas que ela contou para mim e para Lilian, (falando no ouvido do pai) Ela é uma bruxa boazinha e mudou-se para o céu, para ficar perto da lua.

- Uma bruxa! há agora entendi filha... papai fará uma linda poesia para colocarmos na casa da bruxa boazinha!

- Oba! te amo papai;(disse a garotinha)

Os três saíram juntos do cemitério que já estava fechando!

- Já vai Sr. Pedro! Você está pensando em reativar a floricultura? (Disse o porteiro que também fazia a jardinagem do local);

- Sim, não podemos deixar as clientes de minha mulher na mão;

- Ótimo, aquelas flores encantam esta rua;

- Boa noite Sr. José. Até amanhã!

As luzes do muro se acenderam e o grandioso portão se fechou;

Na casa rosa, a família estava reunida para o jantar, terminaram os agradecimentos e começaram a ceia; Conversavam sobre a empresa, sobre o curso de balé que Nina começaria no outro dia,

Comentaram também sobre a lágrima de Nina, que não escorria:

- Pisca filha, falou o pai;

A garota piscava, mais a lágrima não escorria, seus olhos brilhavam muito e sua íris cor de mel, parecia um pingo de ouro mergulhado em um rio transparente;

- Precisamos levar Nina em um Médico de olhos Pedro. (Disse a avó)

- Sim mamãe, amanhã resolvo isso sem falta.

 O pai estava um pouco entristecido, sentindo falta de Yolanda e disse:

- Vou me recolher crianças, deu um beijo em cada um deles e foi para o seu quarto;

- Papai está triste (disse Nina), vou dormir também vovó, para que amanhã a alegria volte, boa noite vovó...

- Boa noite querida, meninos não demorem para dormir. (falou D. Maria para os meninos, fechando as portas e janelas da casa)

Assim que todos foram dormir, Pedro com
insônia, saiu do quarto e foi para sua oficina,
que mantinha no quintal por trás da casa, era
um lugar aberto, apenas com um teto de
madeira, no quintal havia uma enorme
goiabeira, que nesta época costumava estar
cheia de frutos, Pedro pegou uma delas,
lembrando do doce de goiaba que Yolanda
adorava fazer, comeu mergulhado em seus
pensamentos e lembranças... e se pôs a
esculpir poesias nas lápides de mármore...
quando chegou na vigésima... decidiu ir tentar
dormir um pouco, pois o dia já estava
amanhecendo;

- Papai, acorda papai; (Disse Nina, fazendo
carinho no rosto do pai, que ainda dormia)

- Bom dia querida, dando um grande abraço na
pequena.

- Você pensou na poesia da D. Lua?

- Não só pensei como vou lá agora pregar na
casa dela;

- Meu herói, diz Nina orgulhosa do pai...

Assim que tomam o café da manhã, a garota
fala;

- Depressa papai, o portão já abriu;

- Pedro, (Diz D. Maria) você passou a noite na
oficina não é mesmo filho? Peguei algumas

goiabas e farei um doce para você matar as saudades, não esqueça desta lápide, (entregando para o filho) acho que ela merece outra, vinda com tantos sentimentos;

"minha estrela que agora brilha no céu, nunca te abandonarei"

- Obrigada mamãe, você está certa, vou colocar lá para Yolanda;

- Vamos, meu charmoso paizinho...

Pedro acompanha seus filhos, pregando a lápide para D Lua.

" Serena como a lua, bonita como a chuva, seus pequenos olhos tristes, agora na eternidade, são livres"

- Viu D. Lua, você é livre como a Lua, sem dono sem nada...pode voar, pode dançar que ninguém vai te pegar...

Hum, minha garotinha, quase virando uma poetisa,

- O que é uma poetisa papai?

- Uma mulher que faz poesias.

- Mas não sei fazer poesias...

- Filha você é a poesia pura, provoca emoções o tempo todo... (Nina dá um sorriso) - Vamos visitar a mamãe. Meninos, os anjos estão

ficando muito bons, mais tarde colocaremos
eles nos lugares certos;

- Bom dia mamãe! (beijando a foto da mãe)

- Papai trouxe um presente e eu também;

Enquanto o pai prega a lápide, a garota dá
biscoitos para a mãe;

- Vovó disse que vai fazer doce de goiaba,
mas papai só gosta do seu, você precisa ajudar
vovó a fazer, para ele não ficar triste, tá
mamãe?

Pedro olha para filha com muito carinho e diz:

- Vamos querida, vou deixá-la na escolinha de
balé e depois vou trabalhar;

- Mas papai eu prometi para Amanda que iria
levar um presente para ela, porque ela me deu
uma flor do seu jardim…

- E que presente trouxe?

- É rápido, vem que te mostro, por favor papai
é rapidinho…

Passaram por meio de vários corredores, até
avistar aquele jardim;

- Não é lindo, Amanda é uma fada papai, olha
quantas flores...

A garota, prega no jardim, araminhos com borboletas de papel laminado na ponta, que ficam balançando conforme o vento;

- Onde arrumou essas borboletas?

- Eram da loja da mamãe... ficou lindo, não ficou? Agora, além das flores ela têm borboletas…

Ficou lindo meu amor…

Os dois vão em direção a saída do cemitério.

Olha papai a casa do Tio João. (apontando para um túmulo pequeno mais muito bem cuidado)

- Quem ele é, belezinha?

- Ele vai me dar um carrinho de madeira que anda. A titia que vem aqui ficar com ele, para ele não ficar tanto tempo sozinho, me disse que ele é construtor e já fez um monte de carros de madeira, ele colocava ela atrás, e ia na frente e os dois desciam aquela rampa ali de cima, bem rápido dentro do carrinho, (rindo) Isso não é bem engraçado papai? …

- Sim é muito engraçado (dá risadas, junto com a filha)

Pedro não se importava que Nina desenvolvesse sua imaginação desta forma, porque também acreditava que a vida não

tinha fim, principalmente na memória dos
vivos...

O encontro

Nina já estava no seu quinto ano de balé, com seus 10 anos de idade, se transformou em uma linda bailarina e como fazia praticamente todos os dias, chegou da aula e foi correndo mostrar os passos novos para sua mãe;

- Boa tarde Sr. José, hoje cheguei um pouco tarde;

- Boa tarde querida Nina, seus irmãos já acabaram por hoje;

- Vou só visitar a mamãe e já volto...

Foi correndo fazendo passos de balé pelo corredor, passou por uma senhora que chorava na pracinha da capela do cemitério e disse:

- Oi...

A Senhora que usava um chapéu pequeno com uma renda que caia pelo seu rosto e vestia tecidos lisos com cores sóbrias levantou a renda para olhar melhor para a menina, abaixou o lenço que enxugava suas lágrimas e disse:

- oi, como é o seu nome?

- Nina, estou indo visitar minha mãe, preciso mostrar os novos passos que aprendi no balé, se quiser pode vir também.

A senhora x, distraída com a menina,
responde.

- Claro adoro balé (se levantando
rapidamente), aonde fica a casa de sua mãe?

- Logo aqui pertinho, vamos?

- Chegamos...

A Senhora x, segura o choro e diz:

- É aqui a casa de sua mamãe?

- Sim, ela não é linda?

- É muito linda, a mulher mais linda que já vi.

- Jura? (Nina fala sorrindo)

- O que ela fazia antes?

- Tantas coisas, fazia tortas de goiaba, pão,
geléia, rosquinha, molhos, até linguiça minha
mãe fazia, cuidava de mim, dos meus irmãos e
do papai, depois veio a vovó e ela também
cuidava, cuidava da floricultura e de todo
mundo que chorava;

A Senhora não consegue se conter e começa a
chorar;

- Não chora, por favor! (diz a garota) Vou
dançar balé para te deixar feliz....a senhora
gosta de balé? e começou a cantar uma
melodia que saia da alma e a garota dançou
como se flutuasse... dançou por toda parte!

E assim que acabou, fez o gesto de agradecimento e foi muito aplaudida pela Senhora X.

- Achou bonito?

- Linda! Uma flor de beleza…

- Minha mãe ficou feliz, ela gosta quando venho aqui para mostrar tudo de novo que aprendi, a Senhora também têm uma filha?

- Sim, tenho uma filha maravilhosa;

- Pode me contar sobre ela se quiser.

- Ela não sabe, mas é filha de um grande homem;

- Ela não conheceu o pai?

- Não, o pai dela era um indiozinho, filho de uma ajudante da minha mãe; Nós brincávamos juntos desde pequeninhos, ele pescava peixes enormes para mim, no lago puro e transparente que cortava a fazenda do meu pai, um dia caçou um gato do mato que ficava por ali tentando comer os pássaros coloridos que enfeitavam as árvores, ele era muito corajoso, sabia construir pontes com as pedras dos riachos, conhecia os esconderijos das cobras, mas ... quando fiz 14 anos, ele e a mãe partiram da fazenda e nunca mais o vi.

- Então ele se foi e deixou a senhora e sua
filha sozinhas?

Ele não sabia que eu estava esperando um
bebê, só bem depois, quando minha barriga
cresceu que minha mãe percebeu e meu pai fez
com que eu me casasse com um homem da
sociedade que ele frequentava, o homem,
tratou minha filha bem, mais era frio e
distante;

- Talvez porque ele não tinha amor verdadeiro
por ela não é mesmo? Ela se parecia uma
indiazinha como o pai?

- Não, era muito parecida comigo. - Você
possui olhos que brilham. (fala para garota)

- Sim, tenho uma lágrima nos olhos que
ninguém consegue tirar, desde que mamãe
saiu da minha casa e veio morar aqui ... mas
não fiquei brava com ela, porque a amo muito;

- Você não ficou brava porque sua mãe partiu?

- Não, de jeito nenhum, amo cada memória
que ela me deixou e estas alegrias preenchem
o meu coração;

- Como você é linda menininha!

- A Senhora também é linda, qual o seu nome?

- Marina. Responde Pedro, chegando neste
momento

- Oras Papai, ela é sua amiga? Vejam só, ela têm o mesmo nome que eu...

- Convide sua amiga para ir lanchar na nossa casa filha.

- Você aceita?

- Claro vamos.

- Tchau mamãe, diz Nina, beijando a foto da mãe...

Conhecendo a vovó;

D. Marina ainda estava muito bonita e elegante, não tinha olhos tristes, mas sim confusos e curiosos. Os três atravessaram a rua e entraram na casa rosa e lá estava D. Maria e Helena, arrumando a mesa para o jantar, naquele dia D. Maria tinha preparado uma de suas deliciosas sopas que gostava de servir com variedades de pães que ela mesma fazia em casa;

- Boa noite, trouxemos uma convidada para o jantar. (Fala Pedro e dá um beijo na cabeça de sua mãe...)

D Maria experimentando o molho, olha para a distinta senhora:

- Boa noite, fique à vontade, Helena, ajuda aqui, guarde o casaco da Senhora?

- Marina, muito prazer. (Diz a mãe de Yolanda, tirando seu casaco de tricô) - Obrigada querida, se virando para Helena;

Pedro e Nina, lavaram as mãos e se juntaram na mesa de jantar, os meninos foram chegando e se acomodando, Pedro Junior, o primogênito estava presente, com sua esposa e seu casal de filhos gêmeos, um menino e uma menininha mestiços lindos, todos educadamente cumprimentaram a Senhora Marina. Quando todos acabaram a oração de agradecimento, Pedro se levanta:

- Hoje para mim é um dia muito especial, pensei por anos neste momento, como sonhei em passar por isso ao lado de minha querida Yolanda, mas infelizmente o acaso não nos permitiu e por isso, hoje com muito sentimento, apresento para meus filhos, sua avó Marina, mãe da mamãe Yolanda…

Todos ficaram em silêncio, olhando para a senhora…

 - Por isso és tão parecida com minha mãe, como se ela estivesse aqui presente. Marina... este nome... vovó?

- Sim vovó (A senhora afirma e todas as crianças levantam para abraçá-la e beijá-la)

- Como você é bonita! Parece com minha mãe; Diz o garoto Samuel...

- O jantar está servido. Fala D. Maria, servindo os netos e a neta,

- Tamanha *emozione amato dio*!! (Exclama a mama)

Todos jantaram, perguntando coisas da vida da vovó, como era a infância dela, quando morava na fazenda, Nina, quis saber mais sobre suas aventuras com seu amigo indiozinho, quis saber sobre a infância da mãe e D Marina estava encantada... Pedro ficou calado, apenas observando. Depois trouxe o delicioso doce de goiaba que sua mãe tentou fazer igual ao de Yolanda;

- Este era o doce preferido de Yolanda. (entregando o prato para sogra)

- Obrigada Pedro;

Saboreou o doce com queijo branco, enquanto os meninos saiam da mesa e foram se dispersando, até que Pedro e ela ficaram sozinhos na sala de jantar;

- Porque a senhora, nunca respondeu às cartas de Yolanda?

- Nunca as recebi, Rubens não deixava que chegassem até mim, foi quando sem querer ele derrubou uma delas, esquecendo-a no chão da sala, então nossa governanta D. Aurora, escondeu dele e correu me mostrar com lágrimas nos olhos...já tinha se passado mais de 25 anos da partida de vocês, já tinha corrido pelos restaurantes Italianos da vila, bancas e ninguém sabia ou não queriam contar o destino que haviam tomado, nem sua Mãe morava mais naquela casa que era vizinha de D Aurora;

- Sim mamãe já estava aqui morando conosco;

- Foi então que abandonei Rubens e arrisquei o endereço da carta. Mas nunca imaginaria que minha filha havia partido...

- Calma D. Marina, Yolanda ainda está aqui, no coração e pensamento de cada um de nós...

- Obrigada Pedro, obrigada por tudo, nunca saberei como me desculpar por tudo que fiz;

- A senhora foi uma das responsáveis, por esta linda e imensa família, acabou me atirando nos braços da minha amada, quando me afastou dela;

- Vovó? (Entra Nina com um álbum de fotos) Veja só vovó Marina, eu quando era pequenininha, este é Plínio, olha a cara de bravo dele....

E vai mostrando fotos da família toda; D. Maria serve um chá e fala:

- Fique, podemos hospedá-la até quando desejar;

- Obrigada, mas não quero incomodá-los, estou instalada em uma boa pousada e ficarei alguns dias, quero ficar perto de vocês se assim me permitirem;

- Agora eu já vou, está tarde e as crianças precisam descansar.

- Eu levo a senhora, disse Pedro, se levantando!

No caminho, Pedro foi contando coisas de Yolanda e sua sogra sentiu uma certa melancolia e felicidade ao mesmo tempo.

Ascensão Profissional de Pedro

O Ano de 1955, foi o ano que Pedro mais coletou resultados de seus esforços, desde sua chegada; Nesse período, ocorreram grandes obras de infraestrutura na bela cidade, pavimentação de ruas e avenidas, a maioria com paralelepípedos, porém algumas avenidas movimentadas ganhavam largas ruas de asfalto; Abriram um lago cercado de árvores que cortava a cidade, aeroporto e muitas outras coisas, a cidade estava em plena fase produtiva; as casinhas de madeira, já davam lugar para casas e prédios de alvenaria, Pedro Júnior o seu filho mais velho, tinha se formado e se tornara um habilidoso engenheiro e quanto mais projetos de construções, mais trabalho dava para a Marmoraria do pai, que triplicou de tamanho em apenas 2 anos, gerando muito emprego para o local e praticamente todos os seus filhos trabalhavam com o pai, apenas Samuel e Gustavo os filhos mais novos, só estudavam e ainda curtiam a sua adolescência; Pedro simplesmente não parava e ainda se envolveu com política e mesmo a cidade sendo praticamente dominada pela Arena, ele era da esquerda, sempre, "pobre" poeta idealista e humanizador.

Este Ano foi marcante, porque por interesse da elite cafeeira, precisaram construir o primeiro presídio, que serviria para organizar o processo de colonização da cidade e a primeira explicação do poeta para este aumento da pobreza e fortalecimento da polícia local, foi a migração da mão de obra do campo para a cidade em busca de prosperidade, mas trouxeram com eles a mendicância, o desemprego e o abandono de crianças. O Poeta como pioneiro local, compreendia que todos estes fatores se resumiam simplesmente na necessidade de sobrevivência de cada um, se sentia na obrigação de ajudar todo o povo da cidade, que como ele, foram parar ali em busca de uma vida melhor. Não entendia como e porque a terra famosa por acolher a todos que a procuram em busca da melhoria de vida, seria capaz de assistir sentada, órfãos perambulando abandonados pelas noites da cidade, mendigos e pedintes de esmolas, de roupas e de alimentos;

Pedro defendeu que deveriam ter mais ações assistenciais do que punição com violências e repressões, lutou pelas pessoas que não tiveram a mesma sorte que ele, ajudando a fundar creches, orfanatos, e junto com heroínas anônimas, distribuíam leite, verduras, carnes ajudando assim a diminuir o crescimento desenfreado da pobreza na região.

Mas especificamente aquele dia, enquanto perambulava a noite em sua grande pequena cidade, percebendo de perto o que estava por vir, começou a retirar os meninos da rua e levá-los para um galpão enorme, onde funcionava a antiga marmoraria e correu para sua casa, pegou toalhas, sabonete, xampu, pratos e talheres descartáveis:

- Mama, preciso de um caldeirão de sopa e pães frescos;

- O que vai fazer a esta hora filho?

- Precisamos tirar este povo da rua, o inverno está chegando, eles morrerão ao relento;

- Helena, Nina e vó Marina, começaram a descascar batatas, cenouras, Mama cozinhou a carne e os meninos ajudaram o pai a colocar tudo na caminhonete que usavam para transportar as pedras de mármore. Separaram cobertores e algumas roupas dos meninos;

A Família chegou no local, as mulheres ajudavam as meninas e os homens os meninos, haviam mais de 30 crianças abandonadas que Pedro tirou das ruas...

Mama cortou o cabelo de todas crianças e Nina com uma escova, ajudava a desembaraçá-los; Helena e vó Marina, serviam os pratos quentinhos, sacudirão os colchões que já existiam na fábrica, e organizaram ...

meninas em um galpão e os meninos em outro,
o filho de Pedro Leonardo e Lucas, dormirão
lá esta noite...

Após uma noite bem agitada, a família volta
para casa e Pedro cheio de ideias, quase não
consegue fechar os olhos e descansar;

Foi assim o início da construção mais
espetaculosa da cidade; Pedro conseguiu com
a prefeitura, uma verba para reformar e
mobiliar os galpões, enquanto faziam a
reforma, uma parte da comunidade
sensibilizada, fazia doações de alimentos,
roupas e cobertores, mas Pedro queria
profissionais ali dentro, pessoas que poderiam
dedicar um tempo ensinando uma profissão
que resgatasse a esperança nos olhinhos
daquelas crianças e adolescentes; Vieram
professores de balé, bombeiros, cabeleireiras,
costureira, alfaiates, sapateiros... até
comerciantes e industriais. Muitos queriam
ensinar ou passar sua experiência de sucesso
para aquelas crianças ...

A Fábrica de realizar sonhos cresceu muito e
já não haviam crianças desamparadas nas ruas,
lá aprendiam um ofício, tal qual uma
universidade e saiam com trabalho certo;

D Marina, gostou tanto da experiência, que
decidiu mudar-se para a cidade e se torna
Diretora daquele local, quando resolveu

ampliar, abrindo vagas para mães com crianças de colo, que procuravam abrigos! As mães deixavam seus bebês durante o dia que ficavam aos cuidados de cuidadoras contratadas pela prefeitura, e eram direcionadas para empregos de acordo com suas capacitações, umas trabalhavam como domésticas, outras secretárias, até como professoras de primário.

Todos ali, só precisavam de um direcionamento... e era assim que Pedro enxergava a cidade dos seus sonhos, não deveria existir fome, nem frio, nem tristeza para nenhum dos cidadãos que nela vivesse;

Assim dividido entre política, família, mármores e agora com a fundação, ainda consegue publicar o seu sexto livro de poesias, o poeta chegava muito cansado em casa:

- Papai a fundação é um sucesso, tenho orgulho do senhor; (fala Nina enquanto o pai faz a sua ceia)

- Nina querida, isto também é poesia; (a garota sorri)

- Gostaria de dar aulas de balé para as meninas, ainda não sou uma profissional, mas já estou no quinto ano, poderia ensinar os primeiros passos, quem sabe futuramente ter um corpo de balé clássico só da fundação e

poderemos viajar pelo mundo com as meninas,
acho que ficariam bem felizes, o que acha
papai?

- Do que precisa para que isto aconteça?

- Uma sala grande com espelhos e barras de
ferro, também um piso que não escorregue.

- Somente isso?

- Elas precisam do uniforme, para ficarem
lindas!

- Aprovado querida!

- Meu herói! (beija o pai)

A Escola de Nina

No outro dia mesmo, Nina começou a
coordenar a reforma da sala que ocuparia
dando aulas para as garotas que não podiam
pagar... da maneira que ela se entregou para o
projeto, em um mês a sala já estava pronta!

- Bom dia, queria me inscrever nas aulas, disse
Janaína, uma garotinha que morava na
fundação;

- Claro, quantos anos você tem?

- 8 anos.

- Você mora com seus pais?

- Não, no momento estou na fundação, fui
abandonada na rua quando eu era ainda muito
pequena;

- Mas você ainda é pequena, fala Nina;- Você
lembra-se da sua mãe?

- Claro, ela era uma artista, cantava na noite e
sempre me levava com ela, porque não tinha
onde me deixar, então me colocava atrás do
palco, enquanto fazia o show...quando fiz 6
anos, ela me disse que eu já estava muito
inteligente e que poderia me virar sozinha;

- Porque ela achava isso, você ainda era tão
pequena?

- Acho que foi por que eu já sabia cozinhar,
como ela dormia de dia para trabalhar a noite,
eu fazia o almoço, desde 5 anos que eu fazia o
almoço e cuidava dela. Mas um dia ela saiu
para cantar e nunca mais voltou... como eu não
tinha dinheiro para pagar aquele quarto, ficava
na rua.

Nina levanta, pega uma mochila com um Kit
de balé e entrega para a garota;

- Janaína, cuide deste uniforme, como se fosse
ouro, o seu futuro está aí dentro, amanhã as
aulas começam as 16:00h;

- Obrigada, nem sei como agradecer.

- Para, não têm que me agradecer em nada,
tudo vai depender de você mesma; Até
amanhã.

Assim que a garota sai, entra um garoto;

- Olá me chamo João;

- Pois não João,

- Quero me matricular!

- Meu Deus!

- O que foi? (O garoto se assustou)

- Esquecemos o uniforme dos meninos, mas
não têm importância, amanhã você começa
sem uniforme, pode ser?

- Claro (O garoto sorri para Nina)

- Então João me conte sua história, porque está na Fundação?

- Meus pais trabalhavam em uma fazenda e eu queria ir para escola, queria um futuro diferente do deles que não sabiam nem escrever o nome direito. E para que eu chegasse na escola mais próxima, precisava andar por 4 horas, na beira da estrada. Fui durante 1 ano, mais já não tinha mais sapatos que aguentassem, comecei a ir descalço e todas as crianças riam de mim, mesmo eu tentando ser invisível. Chegava tarde na minha casa e meu pai bebia e descontava sua revolta em mim, me batendo, sem eu fazer nada e minha mãe ficava calada, para não apanhar também, só estava tentando ter um futuro melhor, mais ia ser impossível se continuasse a voltar para casa, então fugi de lá.

- Foi para aonde, quando fugiu?

- Fiquei lá na praça da estação e comecei lavar o carro dos bacanas, ganhava uns trocados que dava para comer; a noite me enfiava em um buraco qualquer e dormia, acordava pela manhã e tomava banho na estação.

- Mas continuou a frequentar a escola?

- Não, eles sempre pedem um endereço e eu não tinha mais;

- Nunca mais viu seus pais?

- Voltei lá outro dia aí, porque fiquei com saudade da minha mãe, é engraçado né moça, a gente apanha, não ganha presente de Natal feito os filhos dos bacanas, mais acho que a gente ama igual;

- Claro João, o amor, não se compra, dinheiro só compra coisas do mundo, mas então, você os encontrou? Como eles estavam?

- A casa não existia mais, tudo lá virou plantação de café dos patrões... e ninguém sabia para onde tinham ido.

- Porque quer dançar balé João?

- Quero que a dança descreva as palavras que existem na minha alma;

- Está certo, foi um prazer conhecê-lo, amanhã nos encontraremos aqui às 16:00h, não atrase.

- Até amanhã. (sorri e sai)

De repente entra uma garota nova, toda maquiada, com um batom bem vermelho e roupas bem sensuais!

- Oi, você que é Nina?

- Sim, você quer ter aulas de balé?

- Na verdade, preferia, danças mais sensuais, mas já que não têm:

- Quantos anos você têm?

- 12

- Como consegue tanta maquiagem,?

- Os caras me dão;

- Como é o seu nome?

- Meu nome é Lucinéia, mas como não é bonito e nem chama atenção, gosto que me chamem de Lulu;

- Tá certo Lulu, porque veio para a fundação?

- Na verdade, não vim, eles me trouxeram a força;

- Sério?

- Tenho emprego fixo na noite e já ganho meu próprio dinheiro;

- E o que faz?

- Saio com os homens e eles me pagam muito bem;

- Mas você é tão novinha!

- E daí? ninguém manda em mim;

- Claro que não Lulu, mas existem pessoas que se preocupam com você;

- Mentira, isso é tudo mentira, esta escola é uma mentira, você é uma mentira;

- Você sabe onde estão seus pais?

- Que pais, minha mãe era uma prostituta e meu pai sabe-se lá quem é, pode ser algum barão por aí, quem sabe até o seu pai né;

- Não, meu pai jamais; O que aconteceu com sua mãe?

- Foi atropelada e morreu bêbada caída em cima de um bueiro;

- Lulu, quero ensinar balé para vocês e tenho um sonho de poder levá-las para os melhores teatros do mundo, quero que cresçam junto comigo. (Levanta e pega o Kit para dar à menina) Esta aqui será sua roupa para as aulas e essa sua sapatilha, nos dê um voto de confiança e acredite neste projeto, é só o que te peço;

- Quando que começa?

- Amanhã às 16:00h, se puder vir de batom rosa, combinará mais com a roupa;

A garota dá um sorriso e diz: - Combinado, batom rosa;

Nina inscreveu 17 meninas e 3 meninos, para as aulas que iniciariam no outro dia; Saiu da fundação e foi direto visitar sua mãe;

- Bom dia Sr. José, tudo tranquilo por aqui?

- Nina, que surpresa, você andou sumida;

- Estava cuidando de um monte de gente muito complicada Sr. José, cada vez eu vejo mais, como somos diferentes uns dos outros, não é mesmo? O senhor também acha isso?

- Com certeza garota, "Cada cabeça...

- Uma sentença..." (Completando a frase) Vou lá ver mamãe;

- Até mais Nina, qualquer coisa me chama;

(Pisca para o Sr. João e entra pelo grande portão)

- Oi mamãe, vim só para falar que te amo e te contar que vou dar aulas de balé na fundação do papai, ele é um homem muito bom sabe mãe, não precisava fazer essas coisas se não quisesse, ele já trabalha de mais, mas o coração dele é gigante, acho que é o maior do mundo, ele cuida de todos nós lá em casa e ainda cuida de todas as crianças que ninguém quer na cidade, Porque será que estas crianças não possuem mãe, fico com pena também, acho que sou igual papai, acho que se a senhora estivesse lá fora, também ficaria... Mamãe, a vovó Marina, agora se mudou para nossa cidade, você deve estar bem feliz né? Nossa mamãe, como ela é parecida com você, é linda...linda! Sabe de uma coisa bem bonita que o menino que vai ser meu aluno disse? "Quero que a dança descreva as palavras que existem na minha alma." O papai disse, que isso também é poesia, porque me deu um calafrio, você gostou mamãe?

Nina escuta, uma música e vai até o corredor central do cemitério e lá adiante, estão entrando pessoas que acompanham um enterro; A garota vai até lá e acompanha as pessoas;

Assim que termina o ritual, a mãe do garotinho enterrado, fica lá sozinha chorando, deitada em cima do cimento...

- Oi, diz Nina para a Senhora;

- Levaram o meu filhinho embora;

- Não, só tiraram ele lá de fora e deixaram ele aqui em segurança; Veja só aqui não têm perigo nenhum, só não pode deixar o mato crescer, se quiser, eu posso cuidar do mato para você, nunca deixarei crescer...

- Ele era minha vida...

- Quer me contar como ele era?

- Um garoto cheio de vida, me dava flores que roubava no jardim da escola, me abraçava, me beijava... eu fazia bolos e doces e ele ficava tão feliz...

- Um dia fui buscá-lo na escola, ele saiu de lá todo sujo de lama, tinha lama até no meio dos dentes..

(as duas dão risada...)

- E você fez o quê?

- Mergulhei ele no tanque com roupa e tudo...

(mais risadas...)

- Ele falava, mãe você tá brava? Mas eu não conseguia ficar brava com ele, depois disso ainda dei bolo e chocolate, mas não deveria ter dado.

- Mas seu coração queria dar, então deu oras bolas...

- Mas o pai dele ficou muito bravo, dizia que eu mimava o garoto, mas ele tinha apenas 5 anos;

- A senhora é a melhor mãe do mundo.

- Você acha mesmo?

- Sim, você amava e cuidava do seu bebê, sabe, meu pai têm uma fundação e lá existem crianças que ninguém quer cuidar, ninguém quer amar, nem os próprios pais quiseram ... o seu filho têm você e por isso é a criança mais feliz do mundo.

- Mas ele partiu...

- Claro que não.

- Ele está aqui dentro. (a mãe aponta para o túmulo)

- Não a senhora está enganada, nunca ouvi uma história tão viva como a da Senhora, o seu filhinho está aqui... na sua memória, simplesmente saiu lá de fora e veio aqui para dentro... (apontado para a cabeça da Mulher) - A sua memória morreu?

- Não, nunca vou esquecer o meu bebê;

- Viu, ele só estará morto, quando você esquecê-lo e quem ama nunca esquece... amanhã venho visitá-lo e dar oi para ele, posso?

- Claro querida! Obrigada!

- Não precisa agradecer... agora preciso ir, vamos comigo, o portão já vai fechar...

Enquanto as duas estão saindo, Nina, convida a Senhora para conhecer as crianças da fundação. Do choro a esperança, assim foi a emoção da mulher que aceitou o convite de Nina na mesma hora;

Como todos os dias, a família se reúne na longa mesa, agradecem e todos começam a contar tudo que fizeram durante o dia.

- Papai, o que tenho para lhe contar do dia de hoje é tão interminável, que nem vou começar, para não te tirar o sono;

- Mas estou curioso...

- Então vamos indo dormir que te conto algumas partes...

- Há, só algumas partes?

- Sim...

Pedro pega a filha no colo e diz:

- Como minha menina está grande e pesada...

Nina ri muito...

Fadinha a gata

Nesta região escurecia muito tarde, e no final da tarde D Maria, acostumada por Yolanda, gostava de colocar as cadeiras na frente de casa e ficar olhando o movimento de pessoas da rua, se juntava com a vizinha e com Helena e neste dia em particular com D Marina, Nina chegava do balé e gostava quando via de longe o movimento em frente sua casa, lá no começo da rua, já vinha acenando para a avó, os meninos iam chegando do trabalho e se repartiam entre ficar lá vendo garotas passarem e ouvirem os assuntos das mulheres ou irem até a mesa apetitosa do lanche feito por sua avó.

De repente, a avó diz:

- Têm alguma coisa roçando minha perna...

As mulheres dão um pulo, pensando em cobras, ou ratos e baratas. Quando sai de baixo da cadeira uma linda gatinha branca dos olhos azuis. D. Maria, dá leite para ela e coloca um laço de fita vermelha no pescoço da gatinha e assim que Nina chega, mostra para a menina, que na mesma hora diz:

- Acho que ela veio do jardim encantando de Amanda, vai se chamar fadinha ...

Fadinha já era uma gata de uns 3 anos e gostava de ficar em cima do muro do cemitério, só ficava na casa rosa quando Nina chegava...

- Esta gata é um fantasma, ela mora no cemitério (falou Samuel)

- Qual o problema de morar no cemitério Samuel?

- Porque ela fica lá comendo baratas.

- Fadinha não come baratas, só brinca com elas...

E assim adotam a gatinha, que depois de um mês teve 7 gatinhos brancos encantadores, toda a vizinhança ganha um gatinho de Nina e a noite se encontravam e por todos os lados saia um gatinho branco, causando um certo calafrio se tratando da rua em frente ao cemitério!

Sublime adolescência

Como todo adolescente, Gustavo e Samuel,
estavam se sentindo entediados naquela noite;
Ouviram histórias contadas por Vó Maria, se
divertiram ajudando a avó fazer biscoitos em
formas de bichos, foram andando pelas ruas da
cidade, tomaram sorvete com a avó Marina e
Nina, deixaram a avó no hotel e quando
chegaram em casa, o pai, os irmãos, Helena e
a avó já tinham se recolhido, Nina deu boa
noite e foi para seu quarto, ela e o Pai eram os
únicos que tinham um quarto só para eles, a
avó, dividia o quarto com Helena e os meninos
dormiam 3 em cada um. Nina, pegou sua
camisola branca e foi para o banheiro escovar
os dentes… Os garotos sem ter o que fazer
naquela sexta-feira, começam a formular
planos para assustar as pessoas que passassem
por ali… Arrumaram cabeças de caveira,
(sabe-se lá aonde) velas, lençol, cabo de
vassoura entre outras coisas… pularam o muro
do cemitério, até ouvirem pessoas do outro
lado, então com o cabo de vassoura, mexiam
nas folhas dos pinheiros e as pessoas
atravessavam a rua correndo apavoradas... Os
pinheiros foram plantados no lado de dentro
do cemitério e acompanhavam o muro todo,
que equivalia a mais ou menos 20 quarteirões,
depois colocaram as caveiras em cima do

muro ao lado das velas e falavam grosso…"vim te buscar"...até que resolveram assustar um grupo de meninos que saíram de uma pelada onze horas da noite, Gustavo vestiu o lençol e subiu em um dos pinheiros, e quando os garotos estavam passando, começou a se mexer e Samuel por trás do muro falava, "Venham para a morte... venham" os meninos começaram a gritar e nesta hora, Nina saiu na frente de casa, vestida com a camisola branca para ver quem estava gritando... foi quando deu de cara com os meninos apavorados que olharam para ela e começaram a gritar: "Garota Fantasma"..."Garota Fantasma"... e os 5 meninos ficaram estáticos olhando Nina e sua lágrima que brilhava, foi quando ela falou:

- Calma, vou pegar água para vocês.

Os meninos gritaram mais ainda e saíram correndo; Nina olha para o portão de ferro e vê os irmãos pulando de dentro para fora;

- Foram vocês né, isso não se faz;

Os meninos riam muito.

No outro dia estampado na primeira folha do Jornal da Cidade "Garota Fantasma" aparece em frente à casa rosa em frente ao cemitério. E tinha um retrato falado da garota, cujo os olhos eram cor de ouro brilhantes;

Pedro que costumava ler o jornal todas as manhãs, reconheceu o desenho do rosto da filha e levou um susto! Levou um susto maior ainda, quando saiu na frente de sua casa, havia uma multidão de gente querendo ver a "Garota Fantasma"... haviam fotógrafos, jornalistas e muitos curiosos; Pedro entrou furioso;

- O que está acontecendo aqui? Perguntou para os meninos que tomavam café, nenhum respondeu, Samuel e Gustavo, sequer levantaram os olhos.

- Foram eles Samuel e Gustavo, ficam assustando as pessoas que passam por aqui de madrugada. (disse Helena, dando o troco nos meninos)

- Porque colocaram a foto de Nina, como garota Fantasma?

- Ela estava lá na frente quando os meninos se assustaram com a caveira; (disse Samuel de cabeça baixa)

- Nina não têm olhos amarelos que brilham, como está escrito aqui (Pedro falou indignado)

- Têm sim Papai, a lágrima dela que não cai, faz o olho brilhar a noite…

- Mas ela não é um fantasma;

- Mas Nina fala com os mortos, talvez seja mesmo um fantasma; (Fala Gustavo, querendo tirar o foco de suas travessuras)

- Vocês estão de castigo, vão para o quarto agora.

Os garotos saem, um colocando o pé na frente do outro para cair;

Pedro sai na frente de casa, falando alto para todos;

- Isso foi um equívoco, uma brincadeira de crianças, fantasmas não existem, por favor, deixem minha família em paz!

- Mas então, quem é a garota dos olhos dourados que brilham no escuro? Pergunta a repórter.

- Não existe garota nenhuma de olhos dourados que brilham, foi imaginação dos meninos. Bom dia para todos, até logo.

Pedro tenta dispersar a multidão que ainda fica gritando;

- Os meninos falaram que ela saiu do cemitério e entrou aqui;

- Disseram que tinha sangue na roupa;

- Ela tinha dente de vampiro

Pedro grita

- Ela era um fantasma ou uma vampira, decidam.

Pedro entra irritado e diz:

- Daqui a pouco vão dizer que todos daqui são fantasmas;

Ninguém da família, saiu da casa a manhã toda e aos poucos as pessoas foram indo embora, mas naquele dia, esta era a notícia principal em todos os lugares da cidade;

Dias obscurecidos

A avó veio fazer companhia a menina, que preferiu ficar em casa quietinha aquele dia, mas tinha aula de balé no final da tarde, ela precisava intensificar os ensaios pois iria se apresentar no Teatro Municipal da capital. Nina queria muito ser uma das bailarinas do corpo de Baile dirigido por Tatiana Leskova. No ano anterior, Pedro levou Nina para assistir "O Lago dos Cisnes" de Tchaikovsky e a garota ficou extasiada. Foi para o quarto vestiu-se e pediu para Helena acompanhá-la até a academia, mesmo o pai pedindo que não saísse. Enquanto as avós estavam distraídas fazendo algumas guloseimas, a garota saiu de fininho com Helena; Já estava escurecendo, e os olhos de Nina já brilhavam, as duas atravessaram por algumas vielas vazias e quando foram atravessar a Avenida, começou o tumulto; Um carro parou no meio da rua apontando para Nina e gritando; - Olha a Garota fantasma! Nina se assustou e saiu correndo no meio da avenida, quando veio um carro correndo e pegou a garota, jogando-a para longe... ela ficou desfalecida no chão. Ambulâncias, carros de polícia, tudo parou!! Levaram a garota que ainda respirava para o hospital...

Pedro foi avisado e chegou correndo, junto com os meninos e as avós...

Onde está minha filha, balançado uma enfermeira;

Ela foi levada para a UTI...

Pedro soluçava muito, ele dava murro nas paredes... passada cinco horas, o médico pediu que ele entrasse... ela estava desacordada na cama, cheia de tubos... abriu os olhos e sorriu levemente e disse:

- Papai pode chorar, não prende a lágrima do adeus nos seus olhos, vou só morar um pouquinho com a mamãe...

Ela piscou, e quando abriu os olhos não existia mais a lágrima da morte não morrida...

- Te amo papai. E fechou os olhinhos para sempre. Pedro gritou com muita dor!

Não...

As paredes do hospital tremeram, e Pedro gritava:

- Desce das estrelas Nina...desce!!

Pedro saiu correndo dali, já eram 2 horas da manhã e as avós providenciaram o funeral de Nina, enquanto todos os meninos choravam sem parar, batiam a cabeça na parede e cada um desabafava suas emoções de alguma forma…

Na manhã seguinte, a casa rosa, amanheceu pintada de azul, a floricultura, a marmoraria e todas as fachadas pintadas de azul e no muro do cemitério escrito com letras enormes " Não vamos mais cantar nossos azuis" que era um movimento de "blues" da época, azul significava tristeza...

Depois disso quebrou com um machado quase todos os mármores de sua oficina … e cortou a goiabeira, até que D Maria, deu-lhe um calmante e ele adormeceu…

A garota foi levada para a capela do colégio de freiras onde estudava e lá foi velada em um caixão cheio de flores e véus brancos….

Ao entardecer, foi enterrada ao lado da mãe, neste momento era como se desse para ouvir a melodia que ela cantava quando dançava balé ali naquele local... Pedro ficou calado o tempo todo... todos ficaram com medo que ele cometesse algo contra a própria vida, o silêncio dele era perturbador. Quando o enterro já estava finalizando, quem aparece e toca um blues de despedida é seu amigo Peu … Pedro olha para ele com os olhos cheios de lágrimas e seu amigo repleto de comoção, simplesmente toca!! E Pedro chora, chora muito ... depois Peu abaixa o instrumento, abraça o amigo levando-o para saída do cemitério…

D. Maria serve uma sopa para Peu, todos muito silenciosos, só se escutam choros por todos os cantos da casa…

- Quando chegou na cidade Peu? (Pergunta D Maria com os olhos inchados, mal conseguindo levantar sua cabeça)

- Hoje mesmo, vim correndo para ver meu amigo, quando me deparei com esta tragédia!

- Sim, talvez a maior de nossas vidas, a minha menininha foi levada!

Ele abraça a Mama e pergunta:

- Onde está Pedro?

- Lá atrás na oficina.

Peu se levanta dá um beijo carinhoso na mama e vai até lá... encontra Pedro olhando para o nada;

- Pois é amigo, tú acredita que estive no Rio Mississippi, nossa lá conheci grandes músicos de Blues, sim poeta. O Blues camarada, distintivamente triste e melancólico, mas também se associa a liberdade, liberdade brother!

Fazendo tudo o que pode, para trazer seu amigo de voltar da solidão, toca o blues e o Poeta com o som da música, pega algumas pedras e começa a lapidar poesias... foram até de manhã nessa valsa comovente;

Peu, deixando o instrumento de lado, disse:

- Vem cá meu amigo, deixa eu te dar um abraço;

Pedro o abraçou e chorou muito;

- Vou para o hotel agora, amanhã pela manhã passo aqui para tomar café contigo, a mama fez uma deliciosa sopa, vem comigo poeta;

Pedro entrou, sentou na mesa tomou algumas colheradas da sopa e foi para seu quarto de cabeça baixa, onde se uniu a sinfonia do pranto profundo da casa rosa...

Como prometido, Peu chegou bem cedinho e quando Pedro acordou, lá estava ele, já

tomando um café com D Maria que lhe contou
todos os detalhes dos últimos acontecimentos;

- Bom dia irmão, vou roubar sua mama para
mim. Fala batendo nas costas de Pedro. Ele
estava fazendo tudo para alegrar o amigo; -
Então, vamos comigo ali no cemitério, quero
tirar um som por lá, a acústica é muita boa;

Vamos sim Peu, preciso pregar algumas
lápides;

Pedro pega uma carrocinha, lota de lápides
gravadas e atravessam a rua se adentrando ao
cemitério;

Quando chega no castelo da sua rainha e sua
princesa, ele está repleto de flores por todos os
lados, com borboletas penduradas no pequeno
arame, com anjos gigantes de mármore, cestas
com rosquinha e uma linda caixinha de
música, com uma mini bailarina que
dançava... todos os meninos e as avós estavam
lá... Pedro sorri, um sorriso com a alma que
chorava, Peu começou a tocar um blues e
Pedro começou a pregar suas lápides e seus
filhos o ajudaram, pregando em todos os
jazigos que Nina gostava de brincar, e neles
diziam:

*" Aqui vive Yolanda e Marina, porque o amor,
nunca morre"*...

- Este é para D Lua, este para a fadinha
Amanda, o Sr. João .... Cada lápide com o
nome dos amigos de Nina…

Quando terminaram de pregar, beijaram a
mãe, a irmã Nina, falando:

Até amanhã, saindo todos abraçados...

F I M

A mãe de Pedro faleceu com 90 anos, Pedro
continuou lutando contra todas as injustiças
sociais que cresciam dia a dia na cidade, com
70 anos largou a política e decidiu se dedicar a
poesia, falecendo em 1991, deixando a
marmoraria para seus filhos continuarem o seu
legado e a Fundação de Pedro foi dirigida por
D. Marina, até a sua partida.